文物收藏

纵览镌刻文明的千年印迹

葛 凤 / 著

台海出版社

中华文明始于炎黄，传于夏、商、周三代，随后历经秦、汉、唐、宋、元、明、清等大一统王朝，最终流传至今。在数千载的历史长河中，那些开疆拓土的帝王、马革裹尸的悍将已经归于尘土，可是，他们的传奇故事却随着文物流传至今。这些文物不仅是历史的见证，也是先民智慧的结晶，更是民族发展的伟大传承。

本书详细介绍了从文明伊始到封建帝制结束时，所涌现出的各种有代表性的国宝级文物。不管是古老原始的石器、陶器还是神韵辉煌的青铜器，不管是晶莹剔透的玉器还是精美别致的木器、漆器，不管是璀璨夺目的金银器还是装饰精美的瓷器，不管是珍贵高雅的绢帛、纸张还是底蕴深厚的字画，这里的每一件文物都"镌刻"着中华文化的印迹。

在人们对某些历史存疑时，这些文物会告诉今人真相。本书会为读者详细介绍文物的出土与传承、特征及背景，并且深刻阐述了文物的价值以及背后所代表的文化寓意，让读者能多角度、全方位地了解这些文物。

比如出土于四川省广汉市，现藏于三星堆博物馆的青铜神树，它不仅证实了古滇国的存在，还向我们展示了一个青铜铸造工艺登峰造极的时代，是中华文明图腾中灿烂光辉的一颗明星。青铜神树的出土，还会引发人们无穷无尽的遐想。青铜神树在《山海经》中有相关记载，难道《山海经》中的预言被实物验证？如果真是如此，那《山海经》到底是神话著作，还是远古史书？读完本书，或许你心中就会有答案。

在阅读本书之前，有人或许会觉得，那些损坏严重的文物和破烂儿没什么区别，但读完本书之后，读者就会发现这种想法其实是大错特错的。本书中就介绍了一只南宋残器曜变天目茶碗，这只茶碗虽然只保存下来四分之三，但带给今人无穷无尽的启发。通过这件残器，专家还了解了当时茶碗的制造工艺及烧制过程，并成功复制出当代的曜变天目茶碗。得益于此，今人才有幸以低廉的价格，购买到这件宋朝皇族才配使用的珍品。一只茶碗，持之如绚彩美玉，望之如星河大海，它虽来自泥土，但最终却灿烂了整个文明。

除此之外，文物带给人们更多的是精神力量。它虽默默无声地矗立在那里，却向今人表达了千言万语。比如元青花釉里红堆塑楼阁师人物谷仓为世之孤品，国之瑰宝，其烧制工艺、制造难度以及整体美感，放眼全世界无一物能出其右；再比如"五星出东方利中国"织锦护臂，它不仅蕴含着对国家的美好祝愿，更代表着古代中国人对宇宙探索的执着、对星辰研究的深入。

这些文物是先民留给今人的瑰宝，也是世界文明史上的璀璨明珠。文物是力与美的结合、历史和现代的跨时空承接，是我们向全世界展示民族实力的明信片，更是精神和信仰上的一次次升华。

目 录
CONTENTS

第一章

神韵辉煌的青铜器

第二章

晶莹剔透的玉器

第三章

精美别致的漆器、木器

第四章

古老原始的石器、陶器

目 录
CONTENTS

第五章

璀璨夺目的金银器

第六章

装饰精美的瓷器

第七章

珍贵精美的绢帛、纸张

第八章

底蕴深厚的字画

第一章
神韵辉煌的青铜器

青铜神树——《山海经》预言被验证了吗

青铜神树，商代青铜器，国家一级文物，1986年出土于四川省广汉市三星堆遗址二号祭祀坑。2002年1月，该文物被国家文物局列入《首批禁止出国（境）展览文物目录》，现藏于三星堆博物馆。

文物溯源

1986年10月，残破的青铜神树被运往四川省文物考古研究院，由文物修复专家杨晓邬带队修复。让大家没想到的是，这次的修复工作竟然花了整整10年时间。1997年10月，三星堆博物馆建成开放，青铜神树作为镇馆之宝展出，人们终于得见青铜神树的真颜。

说到青铜神树，就不得不提三星堆遗址。三星堆遗址位于四川省广汉市三星堆镇，"三星堆"因其有三个起伏相连的黄土堆而得名，亦有"三星伴月"之美誉。

唐代诗人李白曾有"蜀道难，难于上青天"的感慨，除了这句让人耳熟能详的诗句外，李白还有一句"蚕丛及鱼凫，开国何茫然！尔来四万八千岁，不与秦塞通人烟"。这里涉及了两个人名——蚕丛和鱼凫。相传，蚕丛和鱼凫分别为建立古蜀国的第一任和第二任君王，但由于年代太过久远，此二位君王的相关史料已经遗失，无法考证。不过，从两人的名字中，我们也能探知一二。蚕丛应是一位善于养蚕的君主，而鱼凫原指一种善于捕鱼的水鸟，由此可猜测，鱼凫应是教会了古蜀国先民渔猎技术。

相传，蜀地的开国君王蚕丛天生纵目，他教会了古蜀国先民养殖桑蚕，并提取蚕丝制成了衣物。在三星堆遗址中，恰恰出土了很多造型怪异的青铜面具，

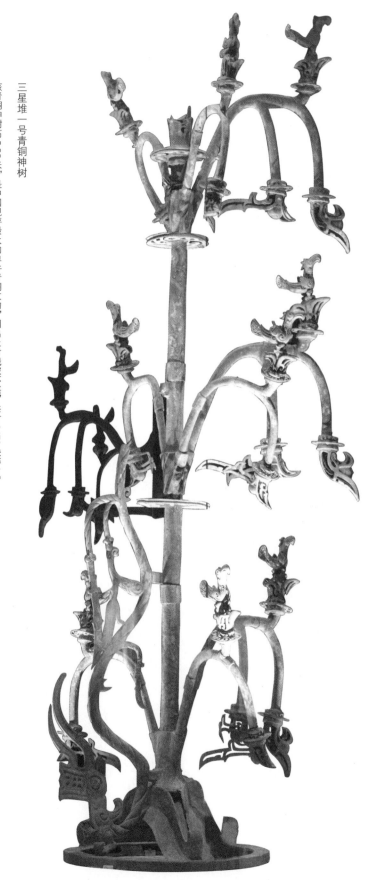

三星堆一号青铜神树

该青铜神树高 3.96 米，是中国现存最大的单件青铜文物，刚出土时残破不堪，共计 2479 块碎片。

三星堆青铜人头像

三星堆的青铜头既象征着天神、地祇、祖先神等，也代表着国王及巫师一类世俗领袖或精神领袖。

三星堆陶盉

陶盉是一种温酒器。三星堆遗址出土了大量酒器，说明当时的农业生产已相当繁荣，已有大量的剩余粮食用于酿酒。

这些面具或大或小，但都有一个共同特点，那便是两耳硕大，双目突出，好似拥有千里眼、顺风耳一般的神通。相关专家推测，这些造型怪异的青铜面具，很可能是古蜀国先民为了纪念已故的建国君王而铸造。那时既没有画像也没有照片，人们只能从口耳相传中得知先帝仪容，工匠在表现形式上略有夸大也在情理之中。

神树之上

三星堆遗址出土的青铜神树不止一尊，但保存最完整，也是最为人熟知的当属一号青铜神树了。这尊神树通高 3.96 米，由基座和主体两部分组成，树顶部分目前还未被发掘，不过按照整体器型分布以及器物美感分析，完整体的青铜神树的高度将会达到 5 米。

一号青铜神树的基座呈标准的圆形，上有如树根般的三足，与基座相连，使青铜神树具有极佳的平衡性，除非外力过大，否则几米高的神树可屹立不倒。神树的枝干笔直，套入三层树枝，每层又有三根枝条，通体共九根，器型精美别致，如真正的树木般柔美飘絮，自带垂感；枝条中部延伸出来的短枝更是精益求精，上有镂空圈纹和精美的花蕾，花蕾上各有一只昂首望天的飞鸟，枝头点缀着包裹在叶子中的桃形果实，一条腾龙自上而下倒垂于神树一侧，仿若自九天降世，却与神树浑然天成，毫不违和。每当人们观赏神树时，都会感叹古人的冶炼工艺已达到炉火纯青的地步，竟然能够将底座、枝干、铸龙三者完美融合到一起。

这座神树全树采用分段式锻造方法，同时运用了套铸、铆铸、嵌铸、铸接等多种当时最先进的工艺。哪怕经历几千载岁月摧残，依旧浑然天成，令人震撼。

2021年12月，考古专家在七号坑发现了青铜神树的残件，就目前的观察判断，可能与1986年出土的一号青铜神树匹配。如果"跨坑拼接"完美实现，呈现在我们面前的会不会是最后一只飞鸟，傲立在树顶的云枝上呢？

三星堆玉琮

玉琮的外形包含了古人"天圆地方""四面八方"的宇宙观，中间上下相通的圆孔有"贯通天地"的深刻含义。

神秘的古蜀文化

在科技并不发达的文明早期，古蜀国先民信奉神灵，敬畏天地，这点在青铜神树的设计上被展现得淋漓尽致。《山海经·海外东经》有载："下有汤谷。汤谷上有扶桑，十日所浴，在黑齿北。居水中，有大木，九日居下枝，一日居上枝。"这段话的意思是，黑齿国的下面是汤谷，汤谷中生长着一棵扶桑树，那里是十个太阳洗澡的地方，而在黑齿国北面的水中有一棵大树，九个太阳居住在下面的树枝上，剩下的一个太阳住在上面的树枝上。

三星堆青铜鸡

公鸡尾羽丰满，引颈仰首，气宇轩昂，它的鸡冠、眼、喙、爪、羽毛都雕刻得十分传神，栩栩如生。

其实，这里的扶桑树指代的就是青铜神树，神树枝头九只昂首向天的飞鸟，则是指中华神话中的金乌，这种金乌即太阳的化身。后羿射日的故事家喻户晓，但事实上，被后羿射落的并非太阳，而是这种金乌鸟。

青铜神树看上去只是一件气势宏伟端庄、

造型精巧别致的青铜器，但在其内里，却承载着古蜀国先民的宗教信仰和精神寄托。地之阔，踏脚可及，但天之高，手不可触也，那高悬的烈日、漫天的星辰，是古蜀国先民渴望触及的寄托。于是，青铜神树应运而生，表达了古蜀国先民天地不绝，天人感应甚至天人合一的殷切期盼。

国宝之所以被称之为国宝，不仅要有跨时代的制作工艺，以及超越金钱的文物价值，还要有深刻的文化寓意。不管时间过去多久，后人依旧能够产生共鸣，心怀同样的敬畏。

金沙遗址出土的商周大金面具

此件面具与三星堆遗址一号、二号坑中出土的青铜人头像、青铜人面具在造型风格上基本一致。证明了金沙遗址与三星堆遗址有着紧密的承袭关系。

大盂鼎——无比珍贵的铭文铜鼎

大盂鼎，又称廿三祀盂鼎，是西周早期青铜礼器中的重器，出土于陕西眉县礼村（今宝鸡市眉县常兴镇杨家村一组，即李家村），现收藏于中国国家博物馆，为中国首批禁止出国（境）展览文物之一。

文物溯源

1849 年，也就是清朝光绪年间，这尊深埋地下近 3000 年的大盂鼎终于重见天日。也是从此刻起，这尊稀世珍宝颠沛流离的世纪辗转，正式拉开了序幕。

大盂鼎刚从礼村出土时，虽然通体被铜锈所覆盖，但其造型精美，器型硕大，堪称世间罕见，瞬间轰动了小山村。热衷文物收藏的岐山首富宋金鉴得到消息后立即将其买下，不过还没来得及欣赏，这只大盂鼎就被岐山县令周庚盛占为己有。

在封建王朝末期，社会制度十分松散混乱，百姓面对官府的巧取豪夺毫无办法，只能打碎了牙往肚子里咽。大盂鼎被周庚盛强占后，很快又被他卖给了北京的古董商人。不过，宋金鉴一直对大盂鼎念念不忘，在他考中翰林后，又以 3000 两白银的高价将大盂鼎买回。此时，宋金鉴根本想不到这只让他念念不忘的宝贝，最后会被子孙以区区 700 两白银的价格，卖给了陕甘总督左宗棠的部下袁保恒，而后又被袁保恒当作礼物赠给了左宗棠。

到了 1859 年，也就是大盂鼎出土的第 10 个年头，左宗棠惨遭同党诬陷，恐有牢狱之危，幸得好友潘祖荫鼎力相助，这才化险为夷。为了表示感激，左宗棠以大盂鼎相赠。至此，大盂鼎又从北京辗转到了潘祖荫的老家——苏州。此后几十年，大盂鼎一直被潘家后代珍藏，期间不乏国外古董商人慕名求购，

大盂鼎

大盂鼎是西周时期的一种金属炊器，更是西周早期青铜礼器中的重器。

大克鼎

该鼎通高 93.1 厘米，鼎立耳，口沿下饰变形
兽面纹，中又饰小兽面纹，并有觚棱凸棱，
整个造型庄严厚重。腹内铸铭文 290 字，铭
文行间皆有线相隔，笔势圆润。铭文内容是
研究西周土地制度和官制的重要资料。

毛公鼎

毛公鼎铭文长度接近 500 字，在所见
青铜器铭文中为最长。

大盂鼎铭文

皆被回绝。

　　时间来到 1937 年，这是一个让每一个中国人都永远铭记的时间节点，山河沦丧，国难当头。侵华日军攻陷苏州，烧杀抢掠，无恶不作。所幸的是，潘祖荫的侄子潘承厚、孙儿潘景郑胸怀家国大义，将大盂鼎及其他珍宝尽数掩埋，这才使珍贵的国宝幸免于难。

　　光阴荏苒，转眼已是十数年，中华大地战乱已止，社会秩序恢复正常。1951 年 7 月 6 日，潘家后人将大盂鼎捐献给国家。1952 年，上海博物馆建成，大盂鼎作为镇馆之宝入馆珍藏，从此结束了颠沛流离、惊心动魄的流浪岁月。1959 年，北京中国历史博物（现中国国家博物馆）开馆，大盂鼎再次返回北京。

周　佚名　大盂鼎　鼎铭文 291 字，记载了周康王在宗周训诰盂之事。大盂鼎真实地反映了当时的社会状况，具有极高的史料价值。

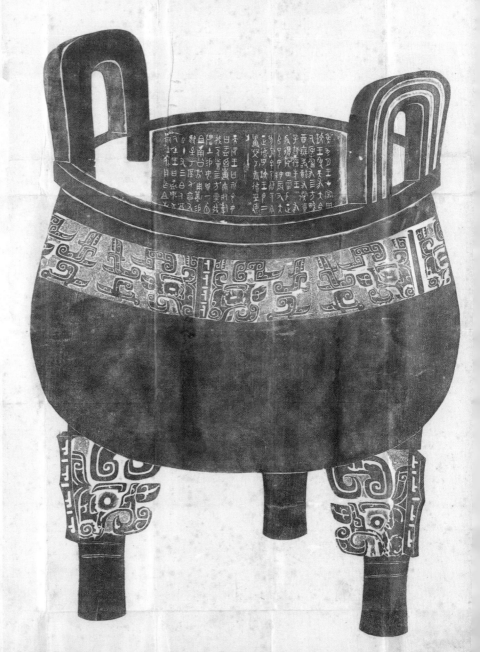

清 佚名 周康王

周康王姬姓，名钊，于周成王死后继位，在位 25 年，病死于镐京，葬于毕原。在姬钊与其父姬诵统治期间，社会安定，百姓和睦，"刑错四十余年不用"，被誉为成康之治。

它经历了战火的洗礼，最终平安无事，成为中华民族历史上不可磨灭的文化瑰宝。如今，大盂鼎收藏于中国国家博物馆，它与收藏在上海博物馆的大克鼎，以及收藏于台北博物馆的毛公鼎并称为"海内三宝""中国三大鼎"。

礼之重器

该鼎上的铭文记述周康王二十三年（公元前 994 年）九月册命贵族盂之事，故而得名大盂鼎。

大盂鼎通高 101.9 厘米，口径 77.8 厘米，重 153.5 千克。器厚耳立，敛口折沿，腹部大而饱满，下承三足支撑，使其立于地，稳如山。鼎身外壁浮铸云雷，三足侧挂神兽饕餮，又有两周凸弦环绕，图纹多样，搭配自然，首尾呼应，承上启下，使大鼎雄伟凝重，气势磅礴。

大盂鼎内壁篆刻铭文 19 行，共 291 字，字体为金文。经过先泥陶范、合范铸铜的演变，西周早期铭文字体规范，行文优美，勾折转换之间柔顺而圆转，首尾起落之时粗犷又不失锋芒。大盂鼎上的金文取势如流云变化，布局似清泉律动，雍容华贵又兼具殷商遗风，乃西周早期书风之典范。周代重视农业生产，因此孕育出思维理性、性格严谨的周人。他们放弃了对简洁艺术的追求，转而向规范和美化靠拢。

古代的"鼎"

周取商而代之，国祚 790 年，分西周、东周两个时期。周朝立国以礼，用礼和乐的文化制度治理国家。"乐"顾名思义，就是指乐器和音律，如长思青铜编钟就是西周贵族祭祀用的乐器。"礼"则是各种礼仪制度及器物，这大盂鼎便是礼器的代表。大盂鼎受命以天子，鞭策于良臣，标榜周宗王室的丰功伟绩，寄托着周康王对贵族盂的殷切期盼。

熟读 291 字铭文，人们可以发现，周康王多次强调周文王和周武王的伟大功绩，以及殷商失德而丢天下。从中不难看出，周康王迫切想通过篆刻于青铜礼器上的铭文，肯定自身统治者的宗法地位，彰显周王室协上下、承天体的政治威望。

其实，鼎最早并非礼器，而是炊具。鼎的下方三足为灶口，添加木柴便可煮熟鼎内的食物，族内老幼围鼎而坐，分而食之。后经夏、商、周三代发展，鼎慢慢变成祭祀用的礼器以及王权的象征。《史记·封禅书》中提到了禹王九鼎，此鼎是集天下九州青铜所铸，上刻名山大川、奇异之物，聚于夏王都，象征九州一统，王权至高无上。

随着时代的发展，社会的进步，人们早已不用笨重的青铜鼎作为炊具，也不会用它祭祀神明，更加不会用它象征至高无上的权力。因为权力不曾受命于天，而是源自人民，服务人民。当然，今人不能用现代眼光去评价先民，在生产力相对低下、知识水平落后的年代，先民们用丰富的想象力、顶尖的智慧、灵巧的双手，创造出了无数件精妙绝伦甚至连现代工艺都无法仿制出来的稀世珍品，值得人们给予最真诚的肯定和最崇高的敬意。

晋侯苏钟——乐声梦回三千年

晋侯苏钟，西周时期礼器重器，旧称晋侯稣钟。于1992年出土于曲沃县北赵村晋侯墓地八号墓，现分别藏于上海博物馆、山西博物馆。2002年，该文物被国家文物局列入《首批禁止出国（境）展览文物目录》。

文物溯源

曲沃县北赵村本是个鲜为人知的小山村，而在这个小山村下，有一处尘封了2000余年的古墓群，这处墓群的主人是九代19位晋侯及其夫人。当这些墓葬被发现时，北赵村也随之被证明曾是晋国的都城。从此，这个小山村也被赋予了更多的意义，衍生出更多的价值。

可是，就在考古学家对这些古墓进行抢救性发掘时，却意外发现其中8座晋侯墓早已被盗空！各类残余物品凌乱堆积，品相惨不忍睹。

原来，在20世纪90年代时，国内文物盗掘现象泛滥，私下买卖情况严重。1992年8月，西周晋侯墓地八号墓遭到不法分子盗掘，大量随葬品被销往海外，西周晋侯苏钟就在其中。而且，其中有14枚甬钟辗转流落到我国香港地区的古玩店中。

1992年10月，北京大学考古系与山西省考古研究所联合对被盗的八号墓进行深度发掘，但仅在墓地中找到两枚刻有铭文的甬钟，铭文分别为"年无疆，子子孙孙"和"永宝兹钟"。这两枚甬钟便是后期存放于山西博物馆的那两枚。

同年12月，时任上海博物馆馆长马承源先生在香港中文大学张光裕教授的帮助下，斥巨资买回14枚甬钟，后经与之前挖掘出的两枚甬钟进行比对，形状大小完美契合，果然是一组钟。千年前，它们排列于晋侯大殿，天音绕梁三转充斥耳畔；千年后，它们重现世间，却被人为拆散。不过，如今的苏钟跨

第 15 枚编钟，刻有"年无疆，子子孙孙"

第 16 枚编钟，刻有"永宝兹钟"

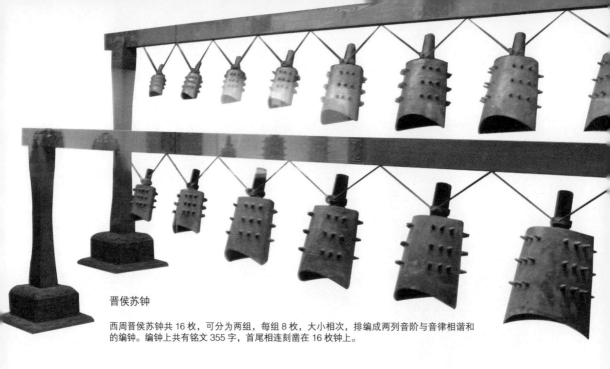

晋侯苏钟

西周晋侯苏钟共 16 枚，可分为两组，每组 8 枚，大小相次，排编成两列音阶与音律相谐和的编钟。编钟上共有铭文 355 字，首尾相连刻凿在 16 枚钟上。

越时间和空间再度重圆，可谓一场奇缘。

1993 年 4 月，马承源馆长邀请邹衡先生于上海博物馆观摩 14 枚甬钟。2009 年，致力于中国先秦青铜器研究的范季融夫妇将其中一枚甬钟捐赠给国家文物局。

晋侯苏钟是不幸的，因为盗墓者的贪婪被迫隔两地；但相比于那些流落海外甚至在运送过程中损毁的文物，它们又是极其幸运的。在热爱文物、热爱考古、尊重历史的专家学者心中，它们就是旷世珍宝。如今，晋侯苏钟也以厚重的历史沉淀、罕见的文物价值，成为上海博物馆和山西博物馆的镇馆之宝。

礼乐之器

晋侯苏钟是西周时期晋侯苏跟随周王征战，因立下大功而被赏赐的器物，也是一件代表着权力和地位的礼乐器。晋侯苏钟共 16 枚，可分为两组，每组 8 枚，以大小为序依次排列，构成两列音阶与音律相和谐的编钟。

晋侯苏钟可分为大钟组与小钟组，大钟组的高度分别为 49 厘米、49.8 厘米、52 厘米、44.7 厘米、32.7 厘米、30 厘米、25.3 厘米、22 厘米，表面纹饰简而细小；小钟组的高度分别为 50 厘米、49.5 厘米、51 厘米、47.6 厘米、34.8 厘米、29.9 厘米、25.9 厘米、22.3 厘米，表面纹饰深而阔。

从造型上看，两组编钟有细微的差异，显然这些甬钟并非同时铸造而成，而是分批次铸造，集中组装，但这些甬钟的音韵却十分和谐动听，丝毫不突兀，可见铸造工艺之高超、音律把控制之精准。

这些编钟的表面首尾相连，錾刻铭文 355 字，多为利器刻凿而成，笔画转折处大多有反复的痕迹，刀痕至今依旧十分明显。这是我国出土的首件西周时期全錾刻青铜器，上面记叙了自周厉王三十三年（公元前 846 年）起亲征东国、南国的战争史实。史书中与之相关的信息已无从考证，因此，晋侯苏钟铭文上所记载的战争内容，对于研究西周历史及晋国历史有着极为重要的作用。另外，铭文中所记载的计时法，也对研究西周的断代工作有重要的价值。

古之编钟

按照传说，编钟出现于炎黄时期，拥有近 5000 年的悠久历史。从实际考古发现来看，钟的原型最初是铃，比如木铃或者竹铃，然后演变到陶玲、金属铜铃，最后才变成可以演奏宫、商、角、徵、羽五音的编钟。西周时期礼乐制度严明，编钟作为一种"登得大雅之堂"的乐器，以其浑厚空灵、震撼人心的声音为贵族所喜爱。

编钟所演奏的音乐多为帝王朝贺、祭祀天地等大典所用的音乐，这便是所谓的"雅乐"。

中国作为钟的王国，自古以来便有以钟为乐的习惯。而且，编钟还是权力和地位的象征，再加上古代采矿业不发达，铜是极为稀缺的贵金属，有的小国倾尽国库也打造不出一套编钟，那气势恢宏的大殿内，陪伴君王的只有孤独和寂寞。所以在当时，人们能得天子封赏编钟是件光宗耀祖的事情。

晋侯苏钟之所以成为国宝重器，除了精巧的制作工艺，更多的是厚重的历史沉淀，以及其中蕴含的人文精神。在农业文明发展初期，它的出现如同在绿油油的麦田中盛放了一朵璀璨的青铜之花。

2002 年，上海博物馆将 5 件晋侯苏鼎、16 枚晋侯苏钟及其他晋侯墓地出土的青铜器共同展览，游客无不感叹我国西周时期青铜器铸造工艺的先进，以及先民们努力钻研、勇于创新的精神。

莲鹤方壶——东方最美青铜器

莲鹤方壶，春秋中期青铜铸酒器、水器，1923年出土于河南新郑李家楼郑公大墓，现收藏于北京故宫博物院青铜馆及河南博物院。2002年，该文物被国家收入《首批禁止出国（境）展览文物目录》。

文物溯源

1923年，在河南新郑李家楼地区，春秋时期郑国国君的大墓被发掘。这座郑公大墓中出土了近百件外形完整、造型各异的青铜器，另外还有多件玉器、陶器等文物，史称"新郑彝器"，莲鹤方壶便是其中一件极具代表性的青铜文物。

考古学家认为，这批文物的材质、形制均是郑国王室重要的祭祀礼器。据此推断，莲鹤方壶的主人很可能是郑国国君子婴。

1927年，在河南省政府的支持下，河南博物院筹委会成立，这批青铜器文物历经磨难，几度辗转，成为河南博物院首批入馆的"镇馆之宝"，为河南文物事业开启了通达之路。为此，有人用"先有郑公大墓，后有河南博物院"来形容郑公大墓与莲鹤方壶的重要性。

后来，中国陷入了连年战争，华夏大地战火纷飞，这些文物的传承与保护也一度出现了危机。为了避免文物被劫掠与破坏，新郑彝器又几经周折辗转，最终勉强得以保存。

1949年冬，国民党政府发出指示，要求将河南存渝古物运至台湾进行封存。仓促之中，以莲鹤方壶为代表的多件古物被封箱运至重庆机场，即将送上飞机运往台湾。就在这千钧一发之际，中国人民解放军救下了莲鹤方壶，也救下了与其一同被封存的数件文物。不过，即便如此，依旧有部分新郑彝器被送走。

如今，当时封存的封条还完好地保存在河南博物院中。

1950 年 8 月，河南省代表与文化部（2018 年 3 月设立文化和旅游部，不再保留文化部）代表共同前往重庆接收存渝古物，其中一尊底部稍有残缺、高度为 122 厘米的莲鹤方壶，被调到北京故宫博物院收藏。至此，两尊莲鹤方壶被分置于两处。1999 年，洛阳钟鼎古代艺术研究所仿制的莲鹤方壶，被国务院指定为外交礼品之一，并将其赠送给国际贵宾。这不仅代表着我国文化软实力逐渐增强，也彰显了莲鹤方壶在中华文明史上的地位。

青铜铸造之绝艺

莲鹤方壶是一对，共两件，两者在高度和重量上均略有差别，故宫藏品高为 122 厘米，重为 64 千克；河南博物馆藏品高 117 厘米，重为 64.28 千克。这应是在分批铸造时出现的偏差，并非有意为之。两尊莲鹤方壶的壶口均为方形，故宫藏品宽 54 厘米；河南博物院藏品口长 30.5 厘米，口宽 24.9 厘米。

河南馆藏的莲鹤方壶，壶身整体呈椭方状，壶的腹部装饰有蟠龙纹，龙角竖立；壶体四周各装饰神兽一只，兽角弯曲，肩生双翼，长尾上卷；圈足下有两条卷尾兽，身披鳞纹，头向外侧，有枝形角承托，壶身的卷尾兽和壶体上装饰的蟠龙、神兽相互呼应，栩栩如生。

这尊莲鹤方壶的壶盖被铸造成莲花瓣的形

莲鹤方壶

此壶主体部分为西周后期以来流行的方壶造型，遍饰于器身上下的各种附加装饰，不仅形成异常瑰丽的装饰效果，而且反映了春秋时期青铜器艺术审美观念的重要变化。

状，向四周张开的肥硕双层花瓣上布满镂空小孔，莲花瓣中央有一小盖，可以活动；上立一只仙鹤站于莲花之中，仙鹤昂首振翅，翘首远望，造型灵动，展翅欲飞。

从总体制作工艺而言，莲鹤方壶铸造采用多种技法，如圆雕、浅浮雕、细刻、焊接等，工艺极其精湛，表现出了春秋时期青铜器的整体风貌，同商周时期青铜器厚重庄严的风格形成鲜明对比。

莲鹤方壶除纹饰细腻新颖之外，其结构之复杂、铸造之精美，亦是春秋时期青铜器工艺的标杆型作品。莲鹤方壶既能反映春秋大变革时期的时代风貌，也表现出了当时青铜器铸造水平独领风骚的一面。

古人的"壶"

壶是我国早期的青铜制品之一，也是十分实用的一类青铜器，除可盛酒之外，也可作为装水的器具。《仪礼·聘礼》中便说道："八壶设于西序。"其注释为"酒尊也"。《周礼·挈壶氏》也说道："掌挈壶以令军井。"其注释为"盛水器也"。除此之外，夨季良父壶铭："用盛旨酒。"伯陭壶铭："用自作醴壶。"从这些记述中，人们都可以看出在青铜礼器的组合中，壶的用途是十分明确的。

自殷商时期起，我国便有铸造青铜器的记录。到了秦汉，青铜器依旧是当时流行的器物类型之一。除青铜铸壶之外，瓷器壶的种类也较多。自汉代始，瓷制壶便逐渐流行起来，这些瓷壶不仅器型多样，而且用途万千，其中较为常见的瓷壶主要有西晋扁壶、盘口壶、唾壶、鸡首壶，辽代的鸡冠壶，等等。但莲鹤方壶作为春秋时期出土、保存完整的青铜制品之一，遍饰于壶身的多种装饰，不仅能瞬间吸引眼球，而且能反映春秋时期青铜器艺术审美观的重要变化。

人生代代无穷已，江月年年只相似。对于莲鹤方壶来说，从酒器变成摆件，也是它预料不到的事情。但无论成为什么，莲鹤方壶所代表的灿烂文化与悠久历史，都会成为中华文明闪闪发亮的明珠。

铸客铜鼎——安邦定国的荆楚国鼎

铸客铜鼎，1933年在安徽省寿县朱家集（今属长丰县）李三孤堆楚王墓出土，又被称为"楚大鼎"或"大铸客鼎"，现收藏于安徽博物院。2022年，该文物被列入《首批禁止出国（境）展览文物目录》。

文物溯源

1933年，安徽省寿县朱家集出现极为严重的盗墓事件。

由于水灾、旱灾等影响，庄稼颗粒无收，就在危机之际，当地人朱鸿初邀请伪保长庞子平，以救灾为借口，纠集100多人对李三孤堆墓群进行盗掘。安徽省政府得到消息，立刻对众人所盗文物进行收缴，后保存在安徽省立图书馆内。

1937年，抗日战争全面爆发。此时，铸客铜鼎不得已被辗转运送到四川避难。战争期间，铸客铜鼎长时间藏于战场大后方，待抗日战争胜利后，它才被安全送回南京博物院收藏。

解放战争胜利前夕，国民党败势已显。为了保存实力，南京国民政府决定将大批文物运往台湾。由于时间紧迫，铸客铜鼎还未运送上船便被及时拦下。南京解放后，铸客铜鼎又被安全送回安徽。

20世纪50年代初，铸客铜鼎被转运至安徽省博物馆筹备处（今安徽博物院的前身）进行收藏。

铸客铜鼎

此鼎圆口，方唇，鼓腹，圆底，三蹄足。形制雄伟，堪称楚国重器。

安邦重器

铸客铜鼎整体高度为 113 厘米，其口径直径为 87 厘米，双耳高度为 36.5 厘米，鼎腹围度 290 厘米，从口至底深 52 厘米，鼎足高 67 厘米，重 400 千克左右。

铸客铜鼎形制厚重，口部圆润，唇沿方正，腹鼓底圆，铜鼎底部有三足支撑，左右两侧附着双耳，耳上部略微向外舒展。铜鼎腹部凸起一圈较为明显的圆箍状装饰，圆箍上还有羽翅纹作为装饰，鼎耳及颈部也用模子印出模仿变体鸟首的菱形几何纹路，鼎足处更有浮雕的旋涡纹作为装饰。

铸客铜鼎鼎口平沿处共刻有 12 字铭文，"铸客"两字为铭文开头，铜鼎便由此命名。又因其在已出土的数千件青铜器中体积最为巨大，外观最为雄伟，因此又被称为"大铜鼎"。除此之外，铸客铜鼎的前足处和腹下部均刻有文字装饰，其含义为"安邦"，乃当时铸鼎常用的吉利言语。由此可看出，该鼎乃礼器重器。

另外，"铸客"的意思是指楚国从其他诸侯国邀请前来铸鼎的工匠。由此可知，战国时期的工匠已经不再是社会的最底层，他们较为自由，不必成为某个贵族的附属。

青铜鼎与楚国水文化

商周时期，青铜器铸造进入繁盛时期，而青铜鼎作为当时的礼器重器，能够最直接地表明阶级、表现统治者的权力与威严。天子之言要比九个青铜大鼎的重量更重，"一言九鼎"这个成语便由此而来。

铸客铜鼎作为礼器，与其他青铜鼎相比也极为雄伟。作为楚王重器，铸客铜鼎体量巨大，无论是在造型上还是在设计上，都可以看出工匠对力量和气势的追求，只有将两者完美结合，才更能表现出鼎主人放眼中原、开疆扩土的雄心壮志。

上古时期，楚国人便崇尚水文化，他们对于水的理解和崇拜也很深刻。古楚文化中心在江汉平原地区，四季较为分明，植被繁荣茂盛，降水量颇为丰富，湖泊河流数量较多，植物种类也十分繁多，整体气候温热湿润。在他们看来，水创造了万物，水只有流动才能保持清澈，水可以催发力量，水也是稳定与平衡的最佳伴侣。《思美人》《招魂》等作品，都是楚国先民对水文化的重视与研究。

在铸客铜鼎上，楚国人对水文化的崇尚也极为明显，几何形状的变体鸟首、羽翅纹、旋涡纹等都是楚国水文化的表现。"水善利万物而不争"，在老子看来，上善若水便是一个人的最高境界，而楚国的文化正是教导子民像水那般柔韧且坚强，可以在任何困难环境下，被塑造成任何模样，它始终不会停止流动，会不断奔腾向前，由一个个小小的溪流最终汇聚成汪洋大海。哪怕在这个过程中遭遇磨难，亦无关紧要，因为那无数条涓涓细流终将会聚成大江大河。

"古人以鼎记事，今人铸鼎明史"，铸客铜鼎的出现，不仅见证了2000多年前楚国的兴衰盛亡，更在出土之后见证了中华民族的磨难与近现代中国的崛起。可以说，铸客铜鼎承载着楚国人民的愿望，承载着一代代楚国君主的诚心祈祷，亦承载着现代中国人民最为诚挚的心愿：愿吾国繁荣，坚毅且无惧，随青烟直上天际，顺流水奔腾入海，踏时事再造辉煌。

矩形五钮龙纹铜镜——夔龙纹结藏秘密

矩形五钮龙纹铜镜为西汉青铜器，1980年在山东淄博大武公社窝托村南古墓五号陪葬坑出土，现收藏于山东省淄博市博物馆。2002年，该文物被收录于国家文物局发布的《首批禁止出国（境）展览文物目录》中。

文物溯源

1978年11月，山东省淄博市窝托村农民陈振在后院除草时，猛然听到一声清脆的撞击声，他以为是锄头碰到了石头，一开始并没在意。

谁知，陈振越往下挖，锄头遇到的阻力就越大，等他费尽九牛二虎之力，终于将埋在泥土之下的东西刨出来时，却直接被眼前的东西惊呆了。

接近花甲之年的陈振还从未见过如此奇怪的东西，这件东西足有一米多高，看上去像是个巨大的铜质镜子，他暗自思索："若是售卖纯铜，这镜子一定能换到不少钱。"

回到家后，陈振赶紧将老伴叫过来，与她分享这个好消息。还好，陈振的老伴出身于书香世家，自幼受文化熏陶，了解过一些与文物相关的知识。陈振的老伴端详片刻，认定这个铜镜有不凡之处，于是，她建议邀请有关部门的工作人员前来对这面铜镜进行鉴定。

陈振略有些不舍，不想将自己寻来的宝贝白白送出。但陈振的老伴却认为这东西原本就是从地下挖出来的，是不属于自家的东西，既然它有可能是文物，那就应该交给国家妥善保管。

次日，陈振被老伴拉到了文物局，工作人员和相关专家对其进行鉴定，很快便给出了结果——这的确是一面汉代的青铜方镜。

西汉矩形五钮龙纹铜镜

该镜背部有五个环形弦纹钮，两短边又各铸二钮，每一环钮四周饰柿蒂形纹，背又饰有夔龙纠结图案，卷曲交错自如。

在了解到相关法律和铜镜在文化历史研究方面的重要性之后，陈振同意将铜镜捐献给本地博物馆。为表彰陈振在这件事情中做出的贡献，博物馆为其颁发了相关证书和奖金，以示鼓励。

铜镜龙纹

该铜镜长度为 115.1 厘米，宽度为 57.5 厘米，重达 56.5 千克，整体使用青铜铸造。其背部有五个环形弦纹钮作为装饰，两个短边处又各自铸造二钮，每一个环形弦纹钮都装饰有柿蒂形状纹路。除此之外，铜镜背部还装饰有夔龙相互纠缠、蜿蜒卷曲、交错自如的图案。这些浮雕龙纹图案线条流畅自然，栩栩如生，看上去既生动又活泼。

在中国传统文化中，龙作为一种想象中的神兽，一直是权力和高贵的象征，其地位和影响时至今日依旧清晰可见。距今 6000 多年前，我们的祖先便已设计出了龙纹饰——1987 年在河南省濮阳市西水坡遗址考古发掘出的"中华第一龙"，便足以证明我国龙文化的悠久历史。

西汉时期，我国正处于经济强盛、文化繁荣、军事力量强大的时期。当时，汉朝皇帝会将龙形象和自身作为天子的形象融合在一起，大肆渲染皇权的神秘性和权威性。比如汉高祖刘邦就声称，他的诞生是因为其母在梦中与大泽龙神交合而孕。

龙纹本身对于整个中国古代文化都有着极

山东临淄大武村西汉齐王墓五号随葬坑出土的金银饰铠甲结构复原图。

素面铜錞于

出土于山东省淄博市临淄区大武乡汉初齐王墓三号随葬器物坑。

为重要的意义，作为战国中晚期到西汉早期最为流行的纹样装饰，龙纹在当时的社会拥有不一样的地位与价值。而在这面铜镜背面，工匠又对该纹样进行了一定改造，和整体呈长方形的青铜镜互相衬托，相得益彰，称得上是匠心独具之作。

方镜与大汉国威

自西周出现青铜铸造法后，青铜器便开始在中国占据半壁江山；但在唐代以前，中国的铜镜多以圆形为主；直到宋代时，铜镜才出现了花形、方形、手柄形等多种图样，镜子背面的纹饰也受到当时坐具和摆放位置的影响，更重视实用性而忽略图纹。而在西汉时期，方形铜镜是极为少见的，像矩形五钮龙纹铜镜如此之大的方形铜镜就更为少见了。

我国出土的汉代圆形铜镜较多，方形铜镜极少，而该铜镜又是迄今为止世界上发现的最大的青铜方镜，其意义和价值可见一斑。铜镜自身长度在1米以上，而厚度仅在1厘米左右，对于生产能力较为低下的汉朝而言，其铸造过程中存在的困难可想而知。

且在当时，镜面多为圆形，方形铜镜这种异形镜的铸造难度较高。流行铜镜样式——圆形，具有较强的规律性，在制造工艺上较为成熟，因此可以在很短时间内完成制作。而异形的镜子则须从模子开始重新设计，这需要耗费更多的时间。西汉矩形五钮龙纹铜镜本身形状特殊，体积巨大，在铸造过程中就会存在更大的难度。在毫无"前车之鉴"的情况下，该镜子的制造便对工匠本身的铸造技艺要求较高。若铸造工匠的技艺不够精湛，那便会大大影响铜镜的美观性。

"寄我匣中青铜镜，倩人为君除白发""忆昔逢君新纳聘，青铜铸出千年镜""无情却是青铜镜，刚照书生两鬓丝"，古人将自己的一腔情思尽赋予青铜镜之上，对爱人的思念、与爱人离弃的忧愁、年华不再与物是人非的哀怨，他们似乎可以将种种情绪都寄托到这一面小小的镜子上。而今人亦得幸于此，在千年之后赏玩这些由古代能工巧匠制作出来的各类铜镜，去体会其中所蕴含的浓浓情感。

铜奔马——"马踏飞燕"的紫燕骝

铜奔马，又名马超龙雀、马踏飞燕、飞燕骝、紫燕骝、天马、马神天驷，为东汉青铜器巅峰之作，出土于甘肃省武威市雷台汉墓，现藏于甘肃省博物馆。1983年，该文物被国家旅游局（2018年3月设立文化和旅游部，不再保留国家旅游局）确定为中国旅游标志；1996年，该文物被国家文物局鉴定为国宝级文物；2002年，该文物被列为首批禁止出国（境）展览的珍贵文物。

文物溯源

铜奔马的发现颇具偶然性。1969年，甘肃武威市新鲜人民公社新鲜大队第十三生产队的村民响应国家号召，在挖掘防空洞的时候发现了隐藏在地下的一座存有大量青铜器的古墓。

村民看到造型优美的青铜器，大为震撼，不敢擅自做主，便将墓中青铜器送到了大队部。此事很快被新鲜公社书记获知，在文物保护体系尚不完善的时代，他阻止了文物被变卖甚至被毁坏的命运，将所发掘的青铜器全部交给了上级政府。

1969年12月，此时距离铜奔马出土，已经过去三个月时间。甘肃省有关部门在完成大墓的整理与挖掘工作后，将雷台汉墓出土的文物全部移交给甘肃省博物馆保存。此时的铜奔马尚未引起足够重视，被当作普通青铜器存放。

时间来到1971年9月19日，彼时，柬埔寨王国民族团结政府宾努首相率领代表团出访我国西北地区，为了解我国文化底蕴，他们专门参观了甘肃省博物馆，著名历史学家郭沫若先生偕夫人于立群负责陪同讲解。就在郭沫若先生看到静静屹立于展厅中的铜奔马时，不由得惊叹出声："天马行空，独来独往，

铜奔马

奔马三足腾空，一足超掠飞鸟，飞鸟惊顾，更增强了奔马急速向前的动势，全身的着力点集中于超越飞鸟的一足之上，准确地掌握了力学的平衡原理，具有卓越的工艺技术水平。

就是拿到世界上去，都是一流的艺术珍品。"回京后，郭沫若先生对铜奔马念念不忘，他深刻理解铜奔马的艺术价值与历史价值。因此，他向时任国家文物局局长王冶秋提议，将雷台汉墓中出土的青铜器从甘肃调离进京，加入当时北京故宫正在举办的全国出土文物展。

铜奔马在京初次亮相，便轰动了史学界与考古界，国内外学者无不感叹，马踏飞燕，是历史文明长河中的"无价之宝"。

1973年4月至1975年8月，铜奔马开始了在世界各国巡回展出。法国、英国、日本、罗马尼亚、墨西哥、加拿大、荷兰、美国等12个国家，500多万人次参观了展览。而后，铜奔马又被运回甘肃，现为甘肃省博物馆镇馆之宝。

奔马踏飞燕

铜奔马整体为青铜打造，高 34.5 厘米，长 45 厘米，宽 13.1 厘米，重 7.3 千克。整体造型为一匹身强体壮的骏马向前奔跑，因速度太快，踏在正在飞驰的龙雀身上借力。马做奔腾前进状，躯干线条壮实而四肢匀称，三足腾空，一足踏燕，充分体现了骏马凌空飞驰、奔跑迅速的形象。

龙雀底座平稳，与地面接触面积大，头部与双翅以及尾部构成了简单的三角支架，完美符合力学原理。此设计大大增加了构件的稳定性，因此能够让骏马的重心通过一足踏于飞燕背上，还能够保持平稳。其设计之精、构思之巧，在众多青铜器中独具一格。

铜奔马的艺术价值，即便是放在今天，也足以让人们感叹。如乐山大佛的衣服线条设计成排水管道一样，铜奔马底座龙雀将艺术性与实用性结合在一起，这一大胆而又颇具特色的做法，大大增添了作品的艺术价值。

想要把一件作品塑造得逼真并不难，但想要在三维立体中将一件完全静止的事物体现出强烈的动感，特别是表现出千里马的神速，就没那么容易了。从这一点来看，铜奔马中所体现的古人智慧是不可小觑的。

铜奔马（局部）

铜奔马的制作工艺在当时世界上同样先进，其铸造工艺并不是我们今天所熟知的一体浇灌，而是分范合铸。即分别铸造马身、马腿和蹄下飞鸟等各部分，最后再去合铸完成整体造型。

汉画像砖　　画像砖中雕刻的马拉车的形态十分生动，栩栩如生。

唐　阎立本　历代帝王图·汉武帝

汉朝时战马奇缺，汉武帝命张骞出使西域换汗血宝马，但大宛国拒绝，汉武帝便派大将李广利率大军远征大宛国，后大宛与汉军议和，并同意向汉朝提供良马。

为了增加强度，工匠还在支撑点的马腿中加入了铁芯，这便大大增强了构件的支撑力，让铜奔马可以更好地稳立于平面之上。

奔马与强汉

汉代通西域，设立河西四郡，马在其中发挥了重大的作用。根据《河西汉简》记载，马被广泛应用于交通驿站的消息传递、货物运输，以及长城防御等方面。

汉代社会拥有尚马习俗，汉朝政府给马立"口籍"，汉武帝还曾亲作《天马歌》。在整个汉代社会，马在各行各业都有被神化和赞颂的

记录。这一点在汉代墓葬文化中体现得尤为明显，汉代社会盛行车马葬，视马为财富和权力的象征。汉代墓葬中的壁画，通常会有"车马出行仪仗队"以及"出行图"。而铜奔马别具一格的造型，与其他车马青铜器相衬托，也体现出汉代墓葬随葬明器的普遍性与统一性。

铜奔马充分展现了东汉时期强悍的国力，这不仅体现在军事实力与经济实力上，单论艺术创造，东汉的艺术发展水平也达到了当时的世界之巅。

马踏飞燕，向 2000 年后的我们展示了一个强大的东汉王朝。时光荏苒，岁月如梭，时至今日，铜奔马已不复刚制作出时的完整与华丽，在数千年的辗转与沉睡中，它早已变得伤痕累累。在那些无数的伤痕中，人们亦能见到许许多多的历史细节，并在铜奔马奔腾飞驰的姿态里，看到华夏文明不断前行的脚步。

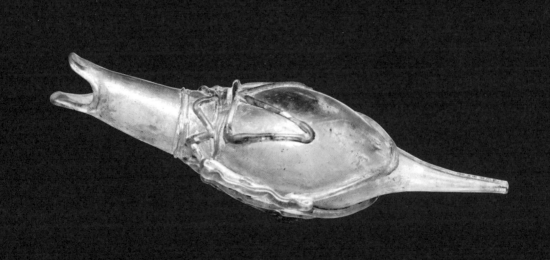

第二章

晶莹剔透的玉器

大玉戈——殷商时代的"玉戈之王"

大玉戈出土于武汉市黄陂区盘龙城李家嘴三号墓，属商代前期文物，因其94厘米的长度，力压所有已出土的玉戈，被称为"玉戈之王"。2002年，该文物被国家文物局列入《首批禁止出国（境）展览文物目录》，现收藏于湖北博物馆中。

文物溯源

位于武汉市黄陂区的盘龙城遗址距今已经有3500余年的历史，是中国已发现的较早有人类生活记录的古城之一，也是诸多商代遗址中保存最完好的一座。考古人员在这里发现了很多珍贵文物，为后世研究和了解数千年前商代的社会风俗、生活习惯以及文化底蕴，提供了宝贵的实物资料。

在盘龙城遗址挖掘时，每天都有惊喜发现，考古人员都在讨论着盘龙城遗址的巨大价值，但让他们没有想到的是，一个真正的惊喜，一件中华文明的瑰宝，就在前方不远处等待着他们。

1974年，正在挖掘的盘龙城遗址李家嘴二号墓中，出土了一件73厘米长的玉戈，当即便震惊了考古人员。他们没有想到，以商代的雕刻技术，竟然能够制作出长度如此惊人的玉戈。但更让考古人员没想到的是，仅仅过了几天，在相邻的李家嘴三号墓中，竟又挖掘出了一件长达94厘米的玉戈。它成功打破了由二号墓玉戈刚刚创造没几天的纪录，成为所有考古人员心中的不二珍宝。

大玉戈一经发现，就被考古人员精心清理，送去了博物馆进行维护保养。考古人员深深意识到了大玉戈的历史价值与艺术价值，也深知保存并传承这件大玉戈的重要意义。这件大玉戈如今就在湖北博物馆静静存放着，它虽不会说话，但我们却能从它身上感受到深厚的文化底蕴与文明气息。

精雕细琢的玉戈

大玉戈长 94 厘米，宽 11 厘米，平均厚度为 0.5 厘米，最厚的地方接近 1 厘米。它的形状为扁长型，通体光素，如同最原始的匕首一般，由柄和刃两部分组成。玉戈的两边均已开刃，头部相对尖锐。其中，刃部一边平直，如同利剑的锋芒，薄而尖利；一边略有弧度，像是一把真正的匕首。相较于打磨工艺复杂的刃部，玉戈柄部为长方形，上下两侧有凸起的脊，整体凸起较缓。刃部和柄部结合处被打磨出了一个圆孔，在使用的时候用绳子穿过圆孔，便可以将大玉戈固定在木柄上。

这件玉戈整体尺寸偏大，但形制规整，加工到了极薄的状态。脊棱笔直，刃平整，匀称流畅，造型十分美观。通体琢制精湛，打磨细致光滑，充分显示了商代时期玉匠精湛娴熟的高超技艺。蜡状光泽的蛇纹石经过很长时间的沁蚀，呈现出青黄色，使大玉戈局部出现点点灰斑，极具年代感。

目前国内发现的商代遗址基本分布在河南省，这片区域与西部陕西一带的"黄土高地"构成了东西轴心。而盘龙城所在的湖北武汉黄陂，则是南下的商朝人以本身民族文化为主体，充分吸收融合了当地地域文化以及江南的文化因素，从而形成的一支边远地区的商代特色文

商　大玉戈

商代前期玉质仪仗器，国家一级文物。

盘龙城出土的玉戈

玉戈作为权力的象征，其造型极为简洁，技术细节有高度的一致性。

化类型。这件大玉戈的发现，反映了这支商代族群的玉雕制作工艺，同时也展现出当时当地的社会文化环境。

玉戈与王权

玉，代表礼，从旧石器时期发源而来，贯穿了整个华夏五千年的文明史。中国乃礼仪之邦，尤其是商周时代，更加注重礼节。而能够代表礼仪的器物除却青铜器外，最重要的便是礼玉。

玉在中国历史文化长河中，有着至关重要的地位。战国时期，赵国名相蔺相如帮助国家夺回和氏璧，送回邯郸，留下了"完璧归赵"的故事。而后，战国诸侯俱灭，第一个封建王朝秦朝建立。秦王将和氏璧制作成传国玉玺，使其成为君王最重要的权力象征。

戈，代表威，多为铸铁抑或是青铜打造，是中国古代作战的主要兵器。商代士兵作战时，一手拿戈，一手拿干（盾），因此"干戈"也就成了战争和矛盾的代名词。商朝靠它创建了奴隶制王朝，而周朝靠它推翻了殷商。戈从诞生的那一天起，便被赋予了暴力与统治的文化寓意。

玉戈，将两种不同寓意融合在一起，成为中国古代特色的礼仪玉器，象征着统治者至高无上的权力与地位。

大玉戈的出现，向我们展示了奴隶王朝统治者的权力基础，同时也在告诉我们，一个人口众多的国家，统治者仅靠着礼与威这种简单粗暴而又无法固定的原则去维持社会运转，必然会受到限制和遭到失败。

当我们看到大玉戈时，所思考的不应该只是这件物品背后的制作工艺、制作者的匠人精神、奴隶王朝的精湛技术……这些固然是中华文明的瑰宝，但大玉戈本身所代表的奴隶制王朝的历史、它的兴衰荣辱，以及这些兴衰荣辱之后的前因后果，才是我们真正需要思考的地方。

仰望人类文明长河，所有的王朝，即便强盛如汉唐、庞大如古罗马帝国，以及横跨亚非欧让世界颤抖的上帝之鞭，在时间的冲刷下，也都不可避免地走向了同一个结局——灭亡。

金风震硕，宏规大起，商朝距今 3000 年矣，但我们依旧可以感受到大玉戈阔刃处散发的锋芒、钩脚间回转的精美，也许这便是威与美的结合、历史和现代的跨时空承接。

嵌绿松石象牙杯——巧夺天工的象牙杯

嵌绿松石象牙杯为商晚期牙雕作品，出土于河南省安阳市殷墟妇好墓，是中国古代象牙雕刻的巅峰之作，现藏于中国社会科学院考古研究所。2002 年 1 月 18 日，国家文物局将其列入《首批禁止出国（境）展览文物目录》。

文物溯源

安阳最出名的古代遗址，就是著名的殷墟古城。1975 年深冬，安阳考古工作站在小屯村北约 100 米的岗地上进行勘察，发现岗地南部的断崖上有连续不断的夯土遗址。种种迹象都表明，这里可能有一处古城遗址。考古工作者开始在这里进行挖掘作业，最终挖出了殷代房基数座。

挖掘行动持续了很长时间，到了 1976 年，考古工作者继续工作，共发掘出 1000 平方米的遗址，其中有殷代房基十余座、灰坑 80 个、殷墓十余座。

在所有殷墓中，最为出名和重要的，便是妇好墓。妇好是殷代著名的女将军，曾多次率军出战，向北征讨北方，东南征伐夷国，西南讨伐巴方，先后击败了 20 多个部落。妇好也有着另外一个身份，她是商王武丁之妻（当时的商朝还是奴隶社会时期，先前母系氏族的影响尚未完全消失，商朝尚未有封建王朝对女性的约束）。

不难看出，妇好的地位十分尊贵，这也意味着她的墓葬中必然会有一些珍贵的陪葬品。在发掘过程中，考古人员发现了三个象牙杯，其中有两个都嵌有绿松石，嵌绿松石象牙杯便是其中之一。

1990 年 8 月 1 日至 11 月 30 日，嵌绿松石象牙杯在"中国社会科学院考古研究所 40 年研究成果展览"中展出。随后，1993 年 4 月 20 日至 9 月 19 日，

嵌绿松石象牙杯

嵌绿松石象牙杯显示了古代匠人的工艺才能，为中国古代工艺美术史增添了新的光辉。

梳辫小玉人

此玉人双手抚膝跪坐，头梳长辫盘于顶，头上戴箍形束发器，气度雍容，显然是一个上层奴隶主贵族的形象，抑或就是妇好本人。

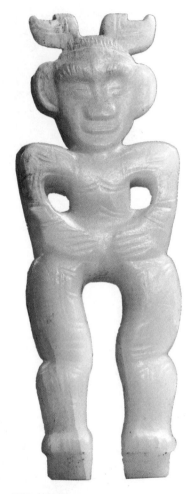

妇好跪坐玉人

妇好跪坐玉人是妇好墓中所有装饰品中最精美的一件。玉料为和田玉，呈表色。

阴阳人阴面

有学者认为阴阳人玉雕是在表现中国传统医术"导引术"。导引术是古人的一种养生运动，现代人的呼吸吐纳和屈伸俯仰都源自导引术。

嵌绿松石象牙杯在由中国社会科学院考古研究所于日本大阪、福冈、东京三个城市举办的"中国王朝的诞生展"中展出。2017年10月27日至2018年3月4日，在"殷商王后——纪念殷墟考古发掘九十周年·妇好墓出土文物特展"中再次展出。这件巧夺天工的商代酒器，含蕴着高超的象牙雕刻技艺，穿越了数千年时光，在现代依然绽放着光芒。

殷商象牙雕刻

嵌绿松石象牙杯高30.5厘米，口径11.2厘米，口壁厚0.1厘米，制作牙质为米黄色。杯的主体是用象牙的根部制作而成，腰部中空，杯口较大，杯腹微收，下部镶嵌圆形底座。杯身把柄处一侧有相对称的两个圆孔，可插入鋬榫。

杯体上遍布的花纹可分为四段：第一段为杯口下部，雕刻有兽面纹三组，两侧有身、尾、口，方向均向下，眉、眼、鼻镶嵌绿松石，下部则镶嵌绿松石和细带纹一周；第二段为颈部，雕刻兽面纹三组，口、眼、鼻也镶嵌绿松石，在口的下方雕刻有大三角形纹，两侧分别刻有

妇好青铜鸮尊

此尊口内有铭文，为"妇好"二字。其造型雄奇，花纹绚丽，既是实用器，又是极好的艺术品。

043

对称的倒夔纹；第三段为腹下，雕刻三组变形夔纹，眼部以绿松石镶嵌，下部以绿松石镶嵌细带纹三周；第四段雕刻兽面纹三组，目字形眼，大鼻翘目，口均向下，全部镶嵌绿松石。

象牙杯鋬部形状呈夔形，头部向上，宽尾下垂。鋬上端两面雕刻鸟形纹饰，勾喙短冠，眼部镶嵌绿松石。鋬背中部雕刻兽面纹，下方有突起的兽头装饰，其双角上竖，口、眼、眉均镶嵌绿松石。

象牙雕刻，又被称作牙雕，泛指将象牙雕刻成为各种实用器具以及工艺品的艺术，同时也指各种象牙制品。在中国，象牙雕刻的历史源远流长，最早可追溯到7000年前的新石器时代。

商代的象牙雕刻，基本构思都来自青铜器的纹饰，嵌绿松石象牙杯就是其中极具代表性的一个，是一件巧夺天工的商代艺术珍品。它完美地展现了古代匠人的工艺才能，是中国古代工艺美术史上的典范。

象牙工艺相对于其他材料雕刻来说更为烦琐，须先将杯内外打磨光滑平整，然后用笔描绘好纹饰，随后再用刻刀雕出各组纹饰，接着还要用已经配置好的绿松石镶嵌于表面。嵌绿松石象牙杯的器身纹饰雕刻，结构巧妙，图案花纹采用了平面减地的雕刻方法，以浅线条搭配绿松石，凸显器物之美。

象牙杯与酒文化

酒文化在我国的历史源远流长，酒杯几乎与酒同时被创造出来，最早在距今6000年前的大汶口时期便有记载。中国是酒的王国，其酒品种之多、产量之丰，皆堪称世界之冠。

中国是酒文化的乐土，地无分南北东西，人无分男女老少，饮酒之风历经千年而不衰。饮酒的意义远不止生理性消费，在很多时候很多场合，它都是一种文化符号、一种社交行为，用来表示一种礼仪、一种心境、一种情趣、一种尊敬。

作为盛酒的器具，酒杯也被赋予了多种含义。在影视剧中最常见的青铜爵，在商代唯有达官显贵方能使用，平民百姓多用瓷器酒具，而嵌绿松石象牙杯更是顶级权贵的专用之物。

酒依靠粮食酿造而成，饮酒之风的盛行，以及酒文化的发展，必须依靠强大的农业社会供给。从这一角度来说，酒文化的发达，也从侧面印证了我国古代农业社会的高速发展。

酒具的发展也是如此，迄今为止，我国出土的古代珍稀酒具包括但不限于灰陶大酒尊、管流爵、象形铜尊、鸿雁折枝花纹银杯、越窑鸟形杯等。而最早、最尊贵的嵌绿松石象牙杯，从诞生之初便默默注视着华夏文明的兴衰沉浮。它深埋地下，度过了烽火连天的战国，度过了一统天下的大秦，度过了强盛一时的汉唐，也度过了狼烟四起、山河沦丧的晚清，见证了一个又一个王朝的崛起、兴盛与衰落。

三星堆玉璋——神符昭示大禹治水吗

三星堆玉璋，商代玉器，出土于四川省广汉地区三星堆二号祭祀坑，是石器时代玉器雕刻文化发展成熟的典型造物，现存于四川省文物考古研究院。2002年，该文物被国家文物局列入《首批禁止出国（境）展览文物目录》。

文物溯源

三星堆文化在国内流传已久，不论是精美的巨大青铜面具，还是造型奇特的青铜神树，都给三星堆增添了一抹神秘的宗教色彩。

三星堆遗址位于四川省广汉市西北的鸭子河南岸，距今已有3000~5000年的历史，是迄今为止发现的我国西南地区范围最大、延续时间最长、文化内涵最丰富的古蜀文化遗址。

1986年，在经过了多年考古发掘后，考古人员在三星堆遗址发现了两处"祭祀坑"，其中一号坑出土的文物以青铜人头像、龙柱形器和金杖这类彰显王权的器物为主，二号坑出土的文物以青铜太阳形器、青铜神树、神鸟等祭祀器物为主，而在青铜器之外，三星堆二号坑中还出土了大量玉器，其中主要以玉戈和玉璋最为出名。在清理三星堆二号祭祀坑时，考古人员清理出了一件玉璋。这件玉璋上面雕刻有精美图案纹饰，吸引了考古人员的关注，也为考古人员了解三星堆文化提供了重要帮助。

神秘的玉璋

这件玉璋通长54.2厘米，器身上刻有图案，共分为上下两部分，大致呈正反相对分布，上部刻有 6 个小人，下部则是 5 个，且有穿孔。据学者研究，这是因为下部器身较窄，不得已而为之。除此之外，其他图案上下两部分大致相同。

玉璋上下两部分的图案都分为五组，最下方一组刻有两座大山，山峰雕刻极为精细，不仅有山上的云气纹，还有山腰特有的斜线。在山的中间刻有圆圈，目前主流说法认为这可能是太阳的符号。两山之间有钩状物雕刻，学界对此暂且没有明确的说法，尚不知为何物。梁山的外侧则各插有一枚牙璋，极为精细，齿状扉棱也被清晰地刻画出来。

第二组图案是三个跪坐的人像，头戴穿窿形帽，雕刻有细节，带有刺纹。人像耳朵上戴着两种相同的耳饰，身穿无袖短裙，两拳抱于胸前，整体呈现出一种特别的姿势。目前学者猜测，这可能与三星堆特有的宗教文化有关。

第三组图案为 S 形几何图案，彼此间并不贯通，所代表的具体含义，因缺乏必要的参考资料，尚不可知。

第四组图案又是两座大山，但两山之间有一组特殊的符号，似船形，悬吊在两山之间。两山的外侧有拇指形状雕刻，整体为拇指抓住了大山。

第五组图案为三个双脚外八字形

三星堆玉璋

器身近似平行四边形，射部和柄部两面均阴刻有两组图案，图案里描绘的是古蜀先民在圣坛上举着牙璋祭祀天地山川的场面。

状的人像，皆为站立姿态，头戴平顶冠，雕刻精细，冠上刻有刺点纹，耳朵系有成套的铃状耳饰，身穿无袖短裙，足穿翘头履，两手同样怀抱于胸前，做宗教祭祀状。

目前我国已发掘出的玉璋，最早可追溯到新石器时代晚期，于山东龙山文化的司马台遗址共出土过三件玉璋。约4000年前，山东玉璋文化开始扩散，通过黄河传入陕西省，而后深入黄河上游的甘肃西南地区，最后传入四川。专家学者猜想，玉璋之所以从山东开始向外传播，原因是伏羲氏抑或炎帝神农氏族群的不断扩张与壮大。族群地盘与人口的扩张，往往也会将自己的文化传播至四方。

也有学者认为，玉璋与《连山》文化有关。《连山》相传为伏羲氏抑或神农氏所创，是我国第一部易书，完本于我国的第一个奴隶制王朝夏朝。

三星堆玉璋

此玉璋也是三星堆出土，但是其做工不够精美，与"祭山图"玉璋有一定差距。

三星堆青铜纵目面具

该面具出土于三星堆遗址二号祭祀坑，是三星堆出土的青铜器中形体最大的两件面具之一。

禹

克勤于邦　烝民乃粒

廘數在躬　廟中乂執

惡酒好言　九功由立

不伐不矜　振古莫及

南宋　马麟　夏禹王像

《夏禹王像》绘夏禹手持如意笏，头戴王冠，身披龙袍，端庄地立于画面正中。

南宋　赵伯驹　禹王治水图　此画卷为青绿描金，其主题内容为大禹治水采用凿岭开山的决江济川的疏导方式治理水患的故事。

《连山》是三易之首，以"艮卦"为首，如山之绵延，故称为"连山"。学者研究后发现，此书中所写卦象与三星堆玉璋的特征十分吻合。

除此之外，关于玉璋上图案所示内容，学界还有很多不同观点。比如，将玉璋第二组的图案放大，两座大山连接在一起，中间有船，因此学者猜想，这可能是在描述中国古代的"诺亚方舟"。又比如，有学者认为玉璋上的图案是古人在举行重要的祭山活动。也有人认为，玉璋上的五幅图案全部都与大禹治水有关。

《史记·夏本纪》曾记载："夏禹，名曰文命。禹之父曰鲧，鲧之父曰帝颛顼，颛顼之父曰昌意，昌意之父曰黄帝。禹者，黄帝之玄孙而帝颛顼之孙也。禹之曾大父昌意及父鲧皆不得在帝位，为人臣。"

上古时期洪水泛滥，人们手中缺乏工具，想要治水绝非一朝一夕所能完成。愚公移山的故事大家都听说过，但很少有人知道，大禹治水同样经历了三代人。由此看来，玉璋作为宗教祭祀代表之物，记载当时古蜀国的水患以及大禹的治水功德，亦合情合理。

古代玉文化

玉在我国古代有着非常崇高的地位，古人相信玉器能够沟通天地，是重大仪式上沟通天地神灵、祭拜祖先的神圣之物，也是统治者彰显统治地位、划分尊卑等级的信物。三星堆所发现的玉璋，外表伤痕很小，使用痕迹几乎没有。因此可以推断，这批玉璋并不是古人的日常用器，而是祭祀礼器，只有在祭祀活动中才会使用，这也从侧面反映出古蜀国巫神昌盛、敬神风气盛行。

玉璋是三星堆出土的玉器中最特殊的一种，它的特殊性在于，玉璋多有自身的特点，是古蜀人社会生活的再现，也反映出古蜀国浓郁的尊神信仰，以及独特的社会文化。

时至今日，三星堆文化已距离我们数千年时光。但幸运的是，我们能够从玉璋等文物中窥探到神秘的三星堆文化一角，看到那个崇尚神权、忠于王权、政权错综复杂、文化融合交织的古蜀王国。

战国水晶杯——不可思议的"穿越"神器

战国水晶杯，战国晚期水晶器皿的巅峰之作，出土于浙江省杭州市半山镇石塘村，其制作材料之大、工艺之精，世所罕见。2002年，该文物被国家文物局列入《首批禁止出国（境）展览文物目录》，现藏于杭州博物馆。

文物溯源

1990年深秋的一天，杭州市半山镇石塘村工农砖瓦厂的工人在取土时发现了一些原始瓷器。文物部门在得知这一情况后，迅速赶往现场进行调查，并判断此地可能有大型墓葬存在。

经过长时间的发掘，考古人员首先发现了一座战国晚期的民用窖藏，这是先民储备食物的地方。自1949年以来，杭州半山镇几乎每年都会有秦汉墓葬被发现，因此考古人员并不惊讶。而且，考古人员还猜测这附近的窖藏不止一个，甚至会有连片的古建筑群。接下来的发掘工作印证了考古人员的猜想，随着大规模的发掘工作的展开，一座战国大墓展现在世人面前。

考古人员很快对大墓进行了发掘，让人意想不到的是，在挖到距离地面1米深时，泥土中忽然出现了星星点点的亮光。考古人员很是惊讶，在这里挖到青铜器、玉器乃至铁器，他们都不会意外，可为什么古墓内会出现能够反光的东西呢？

意识到可能有重大发现的考古人员更加小心，经过半个小时的谨慎挖掘，一件通体透明的水晶杯出现在众人面前。当地文物局很快意识到水晶杯的价值，但受限于当地的技术条件，只得将这件水晶杯送往北京鉴定。最终结果震撼了整个考古界，这是一件极为罕见的战国时期的水晶杯。

罕见的水晶杯

战国水晶杯属于战国晚期的水晶器皿，通高15.4厘米，口径7.6厘米，底径5.2厘米，通体透亮，略带淡淡的琥珀色，局部可见到絮状包裹体。器身敞口，平唇，壁身斜直，底座为圆形，圈足外撇，通体光素无纹，造型简洁大方。借助于专业仪器观察可发现，杯壁内外都经过抛光处理，在水晶杯中部和底部有海绵体状自然结晶。

战国水晶杯是我国目前出土的战国水晶文物中体形最大的一个，它的珍贵之处在于，整器由一整块水晶雕琢而成，而且还使用了打磨和抛光工艺。

将如此大一块高品质的水晶加工成一只精美的水晶杯，这种工艺在我国古代是非常罕见的。众所周知，水晶的硬度非常高，莫氏硬度达到了7，属于宝玉石中硬度较高的品种，即使是在现代，想要加工水晶也须依靠专用机器。在古代想要将水晶加工得如此精致，而且还能使水晶杯呈现出上窄下宽的圆润弧度，更是难上加难。

苏秉琦先生在研究过战国水晶杯后猜测，古人在制作水晶杯时，可能采用了加工玉器的办法，以管钻之法取芯，而后再用金刚砂打磨。这种玉器加工工艺在战国晚期并不算困难，应用到水晶制作上也是很有可能的。

水晶杯制作的最后一步是抛光，这更是高难度工作。外壁抛光相对简单一些，但水晶杯

战国水晶杯

战国水晶杯光素无纹，造型简洁。

造型为上宽下窄，手根本伸不进去，那么内壁的抛光又是如何完成的？内壁和杯底部的打磨抛光，至今依然是一个未解的难题。

无瑕胜美玉

作为杭州博物馆的镇馆之宝，战国水晶杯的价值不言而喻，不仅在于其加工技艺精湛，也在于其原材料的珍稀。如此大、如此高纯度的水晶是很不常见的，所以一直到现在，这块制作水晶杯的水晶来源，我们依然不得而知。

高纯度水晶在我国古代虽不常见，但精美的水晶工艺品在中华文明史中却并不少见。几乎在我国各个历史时期，都出现过水晶制成的工艺品，其中一些还作为重要文物保存了下来。

古代将水晶称为"水精""水玉""玉晶"，古人认为水晶晶莹透亮，是圣洁之物，所以多会将其加工成各种装饰品。凌家滩文化·水晶耳珰、马家窑文化·水晶坠饰都是新石器时代的小件水晶装饰品；水晶鱼、水晶狮子、水晶兔则是两宋时期的极具代表性的动物造型水晶装饰。除此之外，还有水晶带钩、水晶项链，也都是我国古代的水晶装饰精品。

相比于传承 8000 多年的玉文化历史，中华水晶文化的历史虽短，但那些传承下来的精美水晶文物，也处处彰显着中华文化的多姿多彩、博大精深。数千年前，古代工匠们用超凡的智慧创造出水晶杯，它的命运如何，持有者是谁，已不可考，但它一定曾出现在将军得胜还朝的宴会上、君王力掌天下的双手中。

正是因为智慧和创新以及敢于迎难而上的勇气，中华民族才能一次次迈步向前，直至今日。杯身静默，却非无声，容量有度，却也无边。此刻，水晶杯中一滴酒也没有，但镌刻着漫长的中华文明史。

角形玉杯——重叠巧雕的精美文物

西汉角形玉杯，1983 年出土于广东省广州市南越王墓，是西汉时期罕见的玉制酒具，也是我国明代以前唯一一件汉代遗作，在玉器史上有着举足轻重的地位。2002 年，该文物被国家文物局列入《首批禁止出国（境）展览文物目录》，现收藏于广州南越王博物院。

文物溯源

1983 年，改革开放初期，广东省政府下属单位计划削平象岗山山顶，建设公寓楼。6 月 9 日，在墙基工程即将完工时，工人意外发现地下出现了一块块平整的大石板。如此规整的石板，很像是地下建筑的屋顶或墙壁。顿时大家

犀角形玉杯

犀角形玉杯是明代以前唯一一件汉代遗作，杯形如兽角，杯底有细软弯转的绳索式尾，缠绕在杯身下部。

文帝行玺金印

该金印是迄今所见最大的一枚西汉金印。文帝行玺金印在汉朝方面来说是伪印，而在南越国内却是最具权威的官印。

议论纷纷，相关负责人立刻叫停工程，并将这件事情上报给了市文管会考古队。

广州在古代属南越国，南越国灭亡后，这里也一直都是繁华的商贸城市，因此在这里发现古墓，考古人员并不意外。在进行了初期勘探之后，考古队认为这应是一座普通的明代石室墓。但考古学家麦英豪先生在用手电筒透过石板缝隙观察时，却发现一丝异样。经过仔细研究之后，考古队修正了之前的判断，这并不是一座明代墓葬，而是一座罕见的西汉墓葬。

这一发现让考古队振奋不已，在广东地区发现西汉墓葬，是非常罕见的事情，更不要说这种保存如此完好的墓葬。工作人员当即在墓葬的周边进行勘探，探查墓葬建筑的同时，也在研究周边是否有陪葬墓。

经过长时间的勘探，最终考古队认定这座罕见的西汉大型墓葬没有陪葬，但只这一座主墓便独占了整个象岗山。消息一经传出，当即轰动了整个考古界。

考古队连夜起草了《关于发掘广州象岗大型汉墓的请示报告》，

并获得上级领导批准。同一时间，国家文物局组建专家组，于7月1日携带批文和田野考古发掘证去往广州。7月4日，"广州象岗汉墓发掘队"正式成立。在经历了一番细致准备后，8月25日，考古队开始进行发掘，没多久，便在主墓室棺椁的头箱内发现了西汉角形玉杯。

这件稀世珍宝在地下沉睡了2000年后，得以重见天日。考古学家通过墓中记载，确定了墓主人的身份为西汉南越王。同一时间，广州市开始兴建南越王博物院。博物院建成之后，西汉角形玉杯也随之被送入其中珍藏。

多民族技艺融合之作

犀角形玉杯高通18.4厘米，口径5.8～6.7厘米，壁厚0.2～0.3厘米，重372.7克。杯形如兽角，握持感极佳；杯底为绳索式尾，细软弯转式设计别出心裁，缠绕于杯身下部，整体造型流畅简洁；杯口有弦纹一周，采用了阴刻手法；杯身有勾连云纹，为浅浮雕和双钩法所饰。

角形玉杯由一整块青白玉雕琢而成，材料罕见珍贵。其器体轻薄，雕刻水平高超，抛光琢制俱佳，口沿处虽有残缺但无伤大雅，是不可多得的汉代玉器。

虽然玉器雕刻在战国晚期便已成熟，但南越国的玉器工匠们却别出心裁地凭借自己的奇思妙想，以及高超的玉雕工艺，在器身上雕刻出层层叠叠的纹饰。雕刻完成之后，又经过长时间打磨抛光，使之经历2000年的漫长时光，仍旧拥有着淡淡的温和光泽。

我们无法想象，2000多年前的南越国工匠们如何将杯身上的浮雕雕刻得棱角分明，如何将杯身上的多层纹饰塑造得简洁而不简单，如何使杯体的造型正好与斜着的杯口形成体量上的均衡……这些巧思妙作充分体现了玉器工匠高超的技艺，也展现出多民族融合的大汉王朝的兴盛强大。

西汉作为华夏文明第二个大一统的封建王朝，是真正的多民族融合国家，因此会出现很多具有少数民族风格之物，南越国在武帝时期被纳入大汉版图之中，在各民族相互融合、相互学习的过程中，真正做到了取其精华，去其糟粕。所以，角形玉杯的纹饰，在感官上才会让人觉得融会了各种奇思妙想，体现了西汉多民族文化融合的特色。

角形玉制酒器

因为对玉器的崇拜，古人多用玉制成各种器物。用玉制作的酒杯喝酒，可能不会让酒变得更加鲜美醇厚，但却能够凸显出器物主人的尊贵身份。在西汉时期，玉器制作工艺虽已十分成熟，但用玉做成的酒杯却并不多见，更不要说是一件造型如此奇特的角形玉杯，其罕见程度及收藏价值是无法用金钱来衡量的。

为什么要将酒杯设计成角形？考古界的主流说法认为，角形酒器底部不平，无法竖立在桌上，一旦将酒倒入，就只能拿在手中。杯已离桌入手，那下一步自然就要一饮而尽了，杯中酒尽后，再次蓄满，而后拱手作揖，再次将杯中酒一饮而尽。这也侧面反映出了南越时期豪放热情的饮酒文化。

还有另一种说法认为，用犀牛角制作的酒杯可以给主人带来好运，同时也能增加酒的香味。至于具体是否能产生如此功效，恐怕也只有那些用过犀牛角酒杯的人才知道了。

时至今日，犀角玉杯因独特的历史价值与艺术价值，成为名副其实的国宝级文物。透过玻璃展柜看到它，我们仍然能够从中看到那个以酒待友、热情豪放的南越王朝。

鸭形玻璃注——来自罗马的南北朝国宝

鸭形玻璃注是早期罗马帝国输入中原王朝的玻璃制品，同时也是魏晋南北朝时期西域丝绸之路通商的重要佐证，1965 年出土于辽宁省朝阳北票西官营子北燕冯素弗墓。2002 年，该文物被国家文物局列入《首批禁止出国（境）展览文物目录》，现藏于辽宁省博物馆。

文物溯源

1965 年 9 月，考古工作人员在辽宁朝阳北票西官营子发现一座古墓，经鉴定，墓主人为北燕文成帝冯跋的弟弟冯素弗。身为宰相，冯素弗是当时北燕帝国名副其实的二号人物，并屡立奇功，深得冯跋倚重。415 年（北燕太平七年），冯素弗逝世，哥哥冯跋为他举行了盛大的葬礼，感念弟弟所立下的功劳。

确定了墓主人身份后，考古人员立即对墓葬进行抢救性发掘。地位如此之高的历史人物，其陪葬品绝对会给中华考古史增添浓墨重彩的一笔。最终结果

鸭形玻璃注

此器是魏晋南北朝时期中外交往的实物资料，也是中外历史上早期玻璃器中的珍品，造型生动别致。

铜虎子

此器也是辽宁北票冯素弗墓出土，铜铸，呈四
足伏地状，周身饰花纹，颈、背、胸、尾部用
细线刻毛须。

没有让考古人员失望，冯素弗墓中先后出土了范阳公章金印、大司马章鎏金铜印各一方，金冠饰一件，鎏金木马镫两件，这些文物皆为稀世珍品。但最让考古人员感到震惊的，却是随后不久被发现的鸭形玻璃注。

玻璃最早由古埃及人发明，在我国已发现的文物中，最早的玻璃器物可追溯到秦汉时期，而有着明确记载的玻璃器物制造则是在西周时期。也就是说，在西周时期，我国古人方才研制出了玻璃，而且产量极为稀少。直到最后一个封建王朝清朝时，玻璃器物才普及开来。在冯素弗墓中，一共发现了五件玻璃器物，其中有碗、杯、钵以及残器座，而保存最完整、制作工艺最精湛的，便是鸭形玻璃注。

考古人员立刻意识到它的历史价值与艺术价值，这是一件当之无愧的国宝。2010 年，鸭形玻璃注与辽宁省博物馆收藏的明代仇英《清明上河图卷》、清代徐扬的《姑苏繁华图》一同入选上海世博会，在中国馆"智慧长河"展区展出。

来自罗马的玻璃工艺品

鸭形玻璃注长 20.5 厘米，腹径 6.2 厘米，玻璃质地纤薄透明，器表为浅绿色，可见到微弱的银绿色锈浸。它体态修长，整体造型如同一只躺下的鸭子，前部如鸭嘴张开，而后长颈鼓腹，尾巴细而长，尖端有稍许残破。其颈部有一周锯齿纹带装饰，为鸭的羽毛，象征意义很强。背部则是由玻璃液引长的细条粘出的一对雏鸭式三角形翅膀，腹下两侧又各粘一段波状折线纹以拟双足，腹底贴有一平正的饼状圆玻璃。

鸭形玻璃注重心在前，内部可充水，当腹部充水过半后，后身重量达标，鸭形玻璃注才能放稳。如此奇思妙想、罕见而精巧的玻璃器物，在全世界考古史上都是极为罕见的。除却构思巧妙外，鸭形玻璃注的塑造工艺也同样领先世界。

考古人员凭借鸭形玻璃注的造型，细微的装饰艺术与风格，以及鸭形玻璃注的制作材料（钠钙玻璃，当时中国工艺尚不能自主生产）断定，这是由当时玻璃工艺极为发达的古罗马帝国制造，而后途经西域，横跨草原，最后传入北燕王朝。

众所周知，从地中海沿岸的古罗马帝国抵达东方的中原王朝，须历经上万里的路程。沿途难免磕磕绊绊，玻璃又是易碎之物，运输损耗极大。因此，我国古代的精美玻璃器数量非常有限，往往会被统治者当作珍品收藏起来，轻易不会示人。

因为鸭形玻璃注重心稳定的特点，考古学家推测，这极有可能是带着"座右铭"性质的容器。水如果少了，便会不稳；水多了，则会溢出，从而导致倾覆；只有当水能够维持平衡时，方可稳稳地立住。

君王将其摆在案头，时刻提醒自己"民为重，社稷次之，君为轻""水能载舟，亦能覆舟"的道理。这有些类似于古籍中所记载的欹器，同样是用来让君王保持清醒的器物。现故宫博物院里陈设着一对铜质鎏金欹器，为1895年"光绪御制"，其用途和构造原理与鸭形玻璃注十分类似。

敦煌莫高窟壁画中的张骞出使西域的情景

中西文化交流的见证

古罗马帝国在世界历史上留下了浓墨重彩的一笔，鸭形玻璃注的出现，让我们看到了古罗马帝国的精美玻璃器，也展现出我国南北朝时期西域丝绸之路的繁荣。从西汉张骞开通丝绸之路以来，游牧民族、商人、教徒、外交家、士兵以及学术考察者纷至沓来，满载而去，促进了亚洲乃至亚欧大陆之间的贸易繁荣、文化交流和经济发展，让古代东西方文明交汇相融、和谐发展、共同进步。

这件1500年前工匠以高超技艺制作出来的鸭形玻璃注，小心翼翼地被商人放进包裹内，从罗马出发，途径阿富汗、伊朗、伊拉克、叙利亚等地，最终到达丝绸之路的终点——神秘而强大的东方王朝。

哥伦布发现新大陆后，开启了殖民时代，而我们的先民通过丝绸之路，架起了沟通的桥梁。平等对待他人，向往和平共处，与多国开展互帮互助的贸易，以此来收获互利共赢的美好未来，这是古老东方文明的处世之道，也是其能长盛不衰延续数千年乃至上万年之久的重要原因。

制作鸭形玻璃注的工匠或许不会想到，他精心雕琢的作品，走过数千千米的漫长路途，走过1500年的漫长时光，最终重新出现在了世人面前。而今，我们站在鸭形玻璃注前，仿佛能看到精益求精的匠人、跋涉万水千山的商人和如获至宝而开心的君王，他们是鸭形玻璃注一路走来的见证者，也是丝绸之路上永不褪色的青石砖。

第三章 精美别致的漆器、木器

河姆渡文化木胎朱漆碗——上过中国邮票的"朱漆碗"

河姆渡文化木胎朱漆碗为新石器时代的漆器，是我国已出土文物中历史久远的木制漆器之一，也是河姆渡文化的重要见证。因其价值珍贵，曾被选入中国邮票图案，现收藏于浙江省博物馆。2002年，该文物被国家文物局列入《首批禁止出国（境）展览文物目录》。

文物溯源

浙江省是我国最早有先民活动的几个省份之一，考古学家在这里发现的先民生活遗址数不胜数，其中最为出名的当属历史悠久、保存完好的河姆渡遗址。

河姆渡遗址是中国南方早期新石器时代遗址，距今已有7000余年历史。其位于今浙江省余姚市河姆渡镇，占地面积约4万平方米。在发掘过程中，考古学家发现了大量珍贵文物，其中包括陶器、石器、骨器、动物遗骸、稻谷等。在众多珍贵文物中，最令世人啧啧称奇的当属一只外形虽然普通，但文化价值与历史价值却极高的朱漆木碗。

时间回到1977年，彼时，工作人员正忙着发掘河姆渡遗址中的文物。在发掘过程中，一位工作人员发现了一只外形非常普通的"小破碗"。

刚出土时，这只碗沾满灰尘，就像一只不慎落入土中的小木块。不过，工作人员并没有因为这只碗其貌不扬而忽略它，相反，工作人员小心翼翼地将它收起来，交给了专业人士进行清理。经过专业人士的初步清理，这只"小破碗"的庐山真面目才逐渐显露出来。

这只碗为木头材质，表面带有块状的红色痕迹，这些斑驳的红色让考古学家产生了兴趣，于是便将其送到中国科学院化学研究所高分子研究室，请李培基先生取样测定。经过李培基先生的检测，这只"小破碗"上斑驳的红色竟然是朱漆。

在河姆渡遗址第二期发掘期间，北京大学历史系考古专业碳14实验室的工作人员专门来到现场采样，以此确定遗址的具体年份。最终，在对木胎朱漆碗所在的第三期文化层样本进行测定后，确定这一支文化层的年代应该在6000多年前。

在河姆渡文化木胎朱漆碗问世之前，我国发现最早的漆器来自商周时期。而木胎朱漆碗的问世，将我国的漆器文化历史直接向前推进了6000多年。这只不起眼的木胎朱漆碗由此成为漆器界的"老大哥"，也成为中国当之无愧的国宝级文物。

木胎朱漆碗

河姆渡木胎朱漆碗出土时破损严重，但仍然能看出它的基本形状。它是由一整块木头镟挖而成，碗壁较厚，外壁雕刻成瓜棱形，口部微内收，腹部弧线

新石器时代河姆渡文化木胎朱漆碗

该碗为食器，造型古朴，尤其碗外壁涂有天然生漆，是中国发现较早的漆器之一。

明　仇英　帝王道统万年图册·舜

图中描绘的帝王是舜，舜为东夷族群的代表，生而重瞳，孝顺友爱，善于制陶。

较深，碗底圈足较高且略外撇，口径 10.6×9.2 厘米，高 5.7 厘米，底径 7.6×7.2 厘米，壁厚 2 厘米。

上古时期，先民制作木碗通常采用削、锯、凿等方式来造型，可这只木碗的内壁非常光滑，仿佛是车镟而成。新石器时代，先民只能使用石斧、石凿等粗糙简陋的工具。使用这样的工具将木碗镟得如此光滑，实在是件不可思议的事情！

这只木胎朱漆碗表面呈朱红色，略有光泽，可惜的是大多都已经脱落。根据李培基先生"经裂解后，涂氯化钠盐片，用红外光谱分析，其光谱图和马王堆汉墓出土漆皮的裂解红外光谱图相似"的检测结果，工作人员得知这只木碗上的朱漆是先民将朱砂一类的红色颜料加入天然生漆中的结果。

新石器时代先民的生存环境与生产手段，决定了这只木胎朱漆碗朴素的造型。在观赏这只木胎朱漆碗时，人们几乎找不到诸如带纹、回纹、云纹等简单的几何纹饰。不过，木碗上略有光泽的红色朱漆又提醒人们，新石器时代先民在保证生存的情况下，也是有一定审美需求的。木碗属于实用型食器，但先民仍用红色颜料与天然生漆为其装饰点缀，这也让数千年后的人们体验到了属于远古时期先民的浪漫。

新石器时代河姆渡文化　陶豆座

陶豆为古代陶制食器，形似高足盘，或有盖，用于盛食物。

作为"祭器"的漆器

战国末期著名思想家韩非子曾创作了一篇

071

散文，名为《十过》。这篇散文讲述了君主常犯的十种"亡国之错"，而贪图漆器则是韩非子花了大量文字来描述的。

"尧禅天下，虞舜受之，作为食器，斩山木而财之，削锯修其迹，流漆墨其上，输之于宫，以为食器。诸侯以为益侈，国之不服者十三。舜禅天下而传之于禹，禹作为祭器，墨染其外，而朱画书其内，缦帛为茵，将席颇缘，触酌有采，而樽俎有饰。此弥侈矣，而国之不服者三十三。"

这段话讲述了从尧到舜、再到禹的漆器制作变化。当时，漆器水平越来越高，造型也越来越精美，各诸侯认为漆器过于奢侈，于是产生不满心理。从这段描述中，我们不难看出漆器在古代属于奢侈物品，普通的部落头领都很难获得。

在那个崇拜神鬼图腾的时代，这么珍贵难得的物品一定是用来做祭器的。"禹作为祭器，墨染其外，而朱画书其内。"为了取悦神鬼，为了表达自己的虔诚，部落里的工匠会从漆树种取得天然生漆，然后用鸡血石等含有朱砂的矿石做颜料，调配成绚烂热烈的赤红色朱漆，然后将朱漆涂在用于祭祀的礼器上。这只河姆渡文化木胎朱漆碗，在新石器时代很可能就是先民用来祭祀的礼器之一。

中华民族的艺术发明大多是人类与自然抗争、协调的精神产物，河姆渡文化木胎朱漆碗虽然其貌不扬，但它却代表了数千年来人类对艺术审美的不懈追求。这只精美的漆器，也成为中华民族勤劳而智慧的结晶。

彩绘木雕小座屏——彰显高贵身份的漆器工艺品

彩绘木雕小座屏，战国木雕漆器，为战国时期楚国漆器工艺的代表作品，亦是我国木制漆器中不可多得的珍品，现藏于湖北省博物馆。2002年，该文物被国家文物局列入《首批禁止出国（境）展览文物目录》。

文物溯源

1965年秋天，湖北省荆州地区决定修建漳河水库，很快，工人们就开始在望山与沙冢地带动工了。谁知，工程开始没多久，人们就在望山一带发现了一大片地下墓葬，这片墓葬也拉开了人们发掘湖北省江陵县望山墓的序幕。

经过仔细研究，考古学家断定这座古墓的年代为战国时期。在发掘过程中，考古学家还意外发现秦汉时期留下的盗洞。对考古工作者来说，这无疑是个令人痛心的消息。数千年前的盗墓贼，仅仅为了一己私利就将国宝从墓中偷走，这让很多有价值的东西彻底消失在了历史长河之中。

看到盗洞后，考古学家立刻对墓中存留的陪葬品进行了抢救性发掘。值得庆幸的是，盗墓贼只偷取了钱财与铜器，一些具有历史价值的文物并没有被盗走。在工作人员发掘出的文物中，最引人瞩目的当属彩绘木雕小座屏。

这件彩绘木雕小座屏在发掘之初并未获得工作人员的青眼。因为盗洞的存在，墓室内的文物都受到了空气的侵蚀和雨水的浸泡，加上当时技术有限，人们无法对其进行合理的维修与养护，所以工作人员在发掘出这件散了架的木雕小座屏后，只是将其做了简单的清理，随后便放置了仓库中。

1975年，馆藏工作人员陈中行在检查仓库藏品时，发现了这件情况糟糕的彩绘木雕小座屏。为了防止小木雕状况进一步恶化，陈中行决定在技术手段

彩绘木雕小座屏

彩绘木雕小座屏以黑漆为底，上施各色漆加以彩绘，并于方寸之间雕刻 51 只鸟兽形象，是战国时期楚国漆器工艺的代表作。

仍不达标的情况下尽力抢救这件国宝。当时技术无法支持整体脱水，陈中行便将彩绘木雕小座屏各部件逐一分开，脱水后再组装上去。

彩绘木雕小座屏的脱水是一个漫长的过程，这期间不能打断，不能心急，否则便会对木质材料造成二次损害。在这期间，陈中行最为担心的事情就是脱水工作完成后木制材料变形，无法组装。

1985 年，陈中行经过多次鉴定之后，终于确定彩绘木雕小座屏的脱水工作已经全部完成，陈中行立刻决定开始进行抢救国宝的最后一步——组装。值得庆幸的是，组装工作非常顺利，彩绘木雕小座屏的修复工作圆满成功！

其他考古专家听到这件事后，连连感叹："老陈，你好大的胆子，连小座屏都敢碰。"而陈中行的回答颇为无奈："再不处理就烂掉了……"如今，彩绘木雕小座屏保存在湖北省博物馆，它也用自己独特的魅力，向世人诉说着千年之前的历史风华。

彩绘木雕

　　彩绘木雕小座屏高 15 厘米，通长 51.8 厘米，座宽 12 厘米，屏宽 3 厘米。整个座屏皆为木质材料打造，共分为上、下两个部分。彩绘木雕小座屏共雕刻了 51 只动物，雕刻手法也不尽相同，分为透雕和浮雕。其中大蟒 20 条，小蛇 17 条，蛙 2 只，鹿、凤、雀各 4 只。蟒、蛇、蛙、鹿、凤、雀均形成婉转而对称的造型，构图稳定，有种严谨的对称美。

　　工匠在雕刻的时候，别出心裁地将不同的动物塑造成食物链，其中有鸟搏蛇、蛇吞蛙等图案。彩绘木雕小座屏上的图案以鸷鸟搏蛇为中心，在旁边雕刻腾空奔跑的双鹿，以及凌空而起的双凤。在鸷鸟与蛇战斗的基础上，双凤嘴衔蛇、爪踏蛇，而蛇身挣扎、盘旋，活灵活现。在彩绘木雕小座屏的最下方，也是最出彩的地方，是工匠精心雕刻的两条巨蛇盘成的对称花结，很是曲折剔透。

　　相对于精湛的雕刻工艺，彩绘木雕小座屏的漆料工艺同样先进，整体以黑漆为底，显得庄严肃穆。而后再用各色彩漆加以描绘，让动物更加惟妙惟肖。

其中彩绘凤鸟的羽毛、鹿的梅花斑和蟒蛇的鳞分别用红、蓝、黄色绘制，其余部位均用红、蓝、银灰等色绘变形凤鸟纹、首纹和卷云纹等图案。

根据考古学家推测，凭当时楚国工匠的工艺，要想完成如此复杂的作品起码需要两年时间。这件彩绘木雕小座屏即便经过数千年的漫长时光，依旧保留了原始漆料的古朴色泽，但也不失艳丽，充分体现了战国时期我国先民的智慧，以及高超的漆器制作工艺和工匠精神。

木漆器的制作工艺

我国在漆器制作工艺方面发展的时间较早，从新石器时期开始，我国先民们便着手制作各种漆器了。到了战国时期，漆器的工艺已经发展得相当成熟。工匠们为器具上漆的目的，也已经从最开始的防止器皿被腐蚀、延长寿命，发展到了艺术美学的层次。

在我国的各类漆器中，木制漆器占了绝大多数。古代工匠以厚木为胎体，采用复杂的圆雕、浮雕以及透雕等工艺手法，在木头上将动物或者其他图案完美还原，最后再采用彩色漆料上色。目前出土较为典型的漆器有战国彩漆虎子、虎座鸟架悬鼓等众多楚地木雕漆器精品。

在相同的时间线内，国外的漆器工艺尚未形成，这座彩绘木雕小座屏在数千年前的战国，就代表了当时世界上最为先进的木料漆器制作工艺。楚人以超凡的智慧将其制造出来，而后深埋地下。经过了漫长的时光与王朝的更替，这座精美的彩绘木雕小座屏最终重见天日，而后在考古学家的智慧下恢复如初，这种跨越时间的浪漫，正是国宝级文物的魅力所在。

彩绘木雕博戏俑——大汉也有"飞行棋"吗

彩绘木雕博戏俑是西汉时期木制漆器的典型之作，也是我国汉文化发展的重要见证，此文物以惟妙惟肖的雕刻以及对人物神态近乎完美的还原，成为我国历史上不可多得的国宝，现藏于甘肃省博物馆。

文物溯源

行走在河西，人的思绪也会变得缥缈悠远。古时候的河西走廊属于丘陵地区，得益于祁连山的雪水滋润，古时候的河西走廊是西北地区少有的水草丰沛之地。

元狩二年（公元前 121 年）春，汉武帝派遣骠骑将军霍去病击杀匈奴，霍去病功成而归，至此整个河西走廊归入西汉版图。随后，汉武帝移民实边，设置武威、酒泉、张掖、敦煌四郡。到了唐代，河西走廊成为丝绸之路上最为重要的通道，武威也成为河西走廊上的重镇。

有着这样丰富而独特的过往，武威的历史文化自然是源远淳厚。自从磨嘴子汉墓群被发现，考古学家便立即意识到了它的价值。1955 年和 1959 年，考古人员先后组织了两次大规模挖掘，共清理出 37 座汉墓，出土了一大批不可多得的珍贵文物，其中包括完整的《仪礼》竹木简，以及"王杖十简"，均完整无缺。这些文物的价值巨大得难以估量，其为人们研究汉代版本学、经学、校勘学、古文字学、简册制度、礼俗以及尊老、养老制度等，都提供了重要的实物资料。

1972 年，考古学家再次对磨嘴子汉墓群进行了大规模发掘。在清理过程中，四十八号墓出土的一件两老者对坐下棋的木制漆器引起了考古学家的注意——

这便是彩绘木雕博戏俑。

六博是东周至秦汉时期盛行的一种游戏棋局，这件彩绘木雕博戏俑造型精致美观，保存相当完好，一经发现便成为考古学家的重点研究对象。如今，这件彩绘木雕博戏俑被妥善存放于甘肃省博物馆，人们也可通过这件彩绘木雕博戏俑，一窥古代先民生活的情况。

彩绘木雕博戏俑

彩绘木雕博戏俑，制作材料为松木，整体为两位老者跪坐对弈的形象。在二位老者中间，设立了一个长方形二层台棋盘，棋盘盘面以经典的黑色作底，白线勾格，色彩分明。棋局旁的空余盘面也没有浪费，设立了掷骰之枰。

二位老者形象逼真，均梳椎髻，身着右衽交领长袍，面部及双手敷白粉，以此为底，其上用黑色墨水绘制五官、髭和鬈发。俑身则以传统的黑色作底，

彩绘木雕博戏俑

木俑为松木雕成，为两位跪坐对弈的老者形象。

底座为灰色，有一定的色彩层次，手绘白色粗线条以章服饰，领、襟、袖口则采用重墨。二俑手势各异，神情也不相同，一俑在思考下一步棋怎么落子，另一俑则胸有成竹。两位老者虽动作凝滞，但气势不凡，一副紧张精彩的对弈活灵活现地呈现在我们面前。

彩绘木雕博戏俑能够在简单的人物雕刻中，使用如此复杂的手法渲染出如此生动的搏杀氛围，不愧为西汉木雕艺术中的精品之作。

两位老者所下的是中国古代一种常见的游戏棋局——六博棋，因使用六根博箸，故称为六博。一套完整的六博棋包括棋局、棋子、箸（即后世所称的骰子），另外还有博筹，用于记录对博者的输赢情况。六博棋的具体起源因年代太过久远，已不可考，但依据能够查到的资料显示，六博棋盛行于东周，在西汉时达到顶峰，为达官贵人、平民百姓日常消遣娱乐的选择。

彩绘木雕博戏俑颇为幸运，它所在的甘肃武威土地特性极为特殊，由于这里的土质碱性大，土内又夹杂着各种石蕊物质，因此土质非常坚硬，加上丘陵台地的原因，地气极为干燥，对于不能够被潮气侵染的地下文物来说，这无疑是非常优越的保存条件。

因此，此处的大量墓葬及墓室内的随葬器物保存较好，即便是一些在其他地域不易保存的文物，如木器、丝织品、麻以及草编物，都能够很好地保存下来。正因如此，我们今天才能够看到这件保存完整的彩绘木雕博戏俑。

漆器工艺在我国流传同样久远，早在旧石

鹰顶金冠

鹰顶金冠有"草原瑰宝"之誉，是迄今所发现的唯一的匈奴酋长金冠饰，代表了战国时期我国北方民族贵族金属工艺的最高水平。

匈奴相邦玉玺

此玺系青玉，方形，覆斗钮。凿白文"匈奴相邦"四字，为研究战国时代匈奴与中原的关系提供了重要的实物依据。

器时代，考古学家便已经发现了木制漆器，时间来到西汉，漆器的发展早已进入成熟阶段。工匠们已经能够从漆树中割取天然液汁，加工之后绘制在木器上，使器物整体更加生动，惟妙惟肖。

彩绘木雕博戏俑造型逼真，形象生动，漆料历经数千年仍未完全脱落，是中国古代在化学工艺及工艺美术方面的登峰造极之作。

盛行一时的六博棋

公元前 121 年春，汉武帝派骠骑将军霍去病出陇右击匈奴，霍去病一战成名，整个河西走廊尽归西汉版图。到了公元前 60 年，此时汉宣帝已继位两年，匈奴再度对河西走廊进行骚扰，沿途强盗、土匪不断。西汉为了加强对西域的统治，在这里设立了西域都护府，安排专门的官员管辖西域，从而确保西域的稳定和河西走廊的畅通。至此，丝绸之路开始繁荣。

经历多年战乱，农民终于可以安稳地开垦农业，商人也能在中原与西域间互通有无。此时，百姓的物质生活大多获得了满足，人们也开始关注起精神生活来。

六博棋是我国古代的一种棋戏，主要流行于春秋战国时期，后世朝代虽然也有六博棋，但玩法和规则都已经与最初的六博棋相去甚远。

古老的六博棋与象棋、围棋一样，都是一种两人对弈的棋戏，不过，六博棋的棋子只有 12 枚，每位棋手各有 6 枚。这 6 枚棋子中，有一枚棋子为"枭"，相当于象棋中的帅（将）；剩下 5 枚棋子为"散"，相当于象棋中的兵（卒）。从这里也可以看出，中华象棋的出现，在很大程度上得益于六博棋的发展。

在进行对弈时，两位棋手须在刻有曲道的棋盘上，通过投箸的方式来决定行棋的步数，通过"杀掉"对方的棋子来获得胜利。

六博棋因为规则简单，即使小孩子也能参与其中。或许也正是因为这种棋戏过于简单，所以在象棋和围棋形成、发展、完善并大流行时，这种棋戏游戏就不再受到古人关注了。渐渐地，这种棋戏逐渐沉寂，没有传承到今天。

孙吴漆木屐——日本漆木屐的"老祖宗"

孙吴漆木屐为三国时期制作的木质漆器，造型优美别致，漆器工艺高超，现藏于马鞍山市博物馆。2002年，该文物被国家文物局列入《首批禁止出国（境）展览文物目录》。

文物溯源

1984年，改革开放初期，民营经济初显繁荣，大批新工厂如雨后春笋般拔地而起。马鞍山地区也不例外，新纺织厂的建设工作如火如荼。就在工人们打地基的时候，施工人员意外发现了一座地下古墓。

工地负责人意识到问题的严重性，他不敢怠慢，立即将古墓的消息上报。很快，考古专家赶到现场，对已经被破坏的古墓进行抢救性发掘。在清理古墓的过程中，考古人员依照墓志铭以及陪葬品的信息推断，墓主人为三国时期东吴大名鼎鼎的左大司马、右军师朱然。

朱然的一生波澜壮阔又富有传奇色彩，他出生于东吴豪族，年幼时就与东吴日后的掌权者孙权成为同窗好友。在随后开始的三国混战中，朱然展现出了异于常人的能力，他北抗曹魏，西拒蜀汉，为东吴的发展壮大立下了汗马功劳。朱然墓的发现让考古学家们很是激动，这是到目前为止在长江中下游地区所发掘出的东吴墓葬中，墓主身份最高、墓葬规模最大的一座。

朱然墓的发掘工作很漫长，在这期间，另一个发现让考古学家颇为不安，他们发现朱然墓早在很久之前就被盗墓贼光顾过，墓内还被大规模地破坏。但幸运的是，盗墓贼并没有意识到某些"不起眼"的文物的巨大价值。因此，三国孙吴漆木屐得以保存下来。

三国孙吴漆木屐

屐板和屐齿由一块木板刻凿而成，屐板木胎基本呈椭圆形；屐板前后圆头，略呈椭圆形；屐齿为前后两个，穿孔有三个。

三国孙吴漆木屐的出现，证明我国在公元 2 世纪左右就已经拥有极为成熟的漆器工艺。1986 年，朱然墓因其特殊的历史价值，被安徽省政府列为重点文物保护单位。

精美的漆木屐

三国孙吴漆木屐的屐板和屐齿皆由一块木板刻凿而成。屐板长 20.5 厘米，宽 8 厘米；中间最宽处 9.6 厘米，厚 0.3 厘米；前后皆为椭圆形，颇具人性化。这只木屐着黑红色漆，因土质、气候等影响，它保存得不算完整，漆也剥落得比较严重。

这只木屐有两个屐齿，放置比例刚好，其高 3.2 厘米，宽 2.6 厘米；穿孔有三个，前端趾部一个，后端跟部二个，为系绊带所用。但随着时间的推移，三国孙吴漆木屐上的彩绳作为丝织品，早已腐朽不见。

朱然墓出土的青瓷卣形壶

此卣形壶釉色细腻匀润，整体厚重稳固。纹饰布局繁缛华美，肩部与上腹部印连珠纹，周围对称贴塑四个铺首，灵活逼真。

朱然墓出土的青瓷羊

此器器身通体施青色釉，匀净无瑕，光洁晶莹，头顶部有一圆孔，可以安插蜡烛。

除此之外，木屐的屐板上面还有很多不规则的小坑。据考古学家推断，这些小坑为镶嵌装饰物所用，但与彩绳的命运一样，随着时间的推移，那些装饰物早已脱落，消失不见。

三国孙吴漆木屐的制作工艺颇为复杂，在一整块木头上雕刻完成之后，还须在木胎上涂抹灰腻，晾干之后，进行最后一步——上漆。一面上髹黑漆，漆面光泽；另一面则趁灰腻尚未完全凝固硬化时镶嵌细小的彩色石粒，达到美观的效果，等到灰腻完全硬化后再上漆，随后磨平，使其走起路来完全平稳，但又能够露出其中点缀的彩色小石粒，颇具艺术美感。

木屐的起源

按照当前世界的主流看法，木屐应源于日本。因为即便到了今天，木屐依旧是日本的特色之一。但随着朱然墓的挖掘，随着三国孙吴漆木屐的出土，世界人民惊讶地发现，原来从三国时期开始，中国就已经发明了木屐！华夏，才是木屐真正起源的地方。

三国孙吴漆木屐出土之前，日本历史学家一直认为木屐的起源在日本，在他们的历史中有着明确的记载，而且日本是当今世界上唯一普遍使用木屐的国家。可是，现在日本考古学家的认知发生了改变。目前，主流说法认为木屐是在中日文化交流最为繁盛的唐朝时期，由遣唐使带回日本，最终流传到日本全境的。

三国孙吴漆木屐曾被邀请前往日本参加展

览，期间被无数人仔细观察、研究。对于日本人来说，三国孙吴漆木屐的出现不仅改变了他们的认知，还让日本的历史文化发展，产生极大变动。

其实，熟读中国古代史便会发现，无论是秦汉，抑或大唐，其影响力对整个世界都非常深远，其中有国力原因，也有文化原因。在东亚、东南亚、中亚，许多国家的建立与发展，都离不开我国古代先民的帮助，其中不乏日本、朝鲜、越南等国家，这也造成了日本等国在研究本国历史文化时，常常能够发现中国印记。

如今，中华文明带给世界的影响始终存在。孔子、老子、岳飞、郑和以及鉴真的名字已经与世界文化融为一体，他们是整个人类的精神财富和历史财富。

这份文化影响也延续到了现代中国人的血脉中，我们的国家在数千年的历史长河中经历了太多的苦难，一个人的肉体可以被杀死，但精神却永不泯灭。对于国家、民族来说，也许它会没落和受伤，可文化永远不会。文化可以如清风般拂面，如大海般壮阔，无处不在地影响着每个人。

通过文物，今人能够更好地研究历史，也能更好了解先民的智慧。三国孙吴漆木屐虽然只是一双居家使用的凉鞋，但它却能远渡重洋，成为其他国家的文化符号，这也足可见其历史价值之独特、文化寓意之深邃。

司马金龙墓漆屏风——北魏琅琊王随葬屏风

司马金龙墓漆屏风画，又名彩绘人物故事漆画、北魏彩绘人物故事漆画，该漆画既是魏晋时期的木制漆器珍品，也是中国古代绘画史上不可多得的佳作，现藏于大同市博物馆。2002 年，该文物被国家文物局列入《首批禁止出国（境）展览文物目录》。

文物溯源

1965 年，考古学家在山西大同石家寨发现了一座非常特殊的古墓。

正常情况下，考古学家须通过相关的出土文物来确定墓主人身份。可是，在这座古墓中，墓主人的名字直白地布满了整个墓室——古墓的每一块墓砖上，都以阳文刻写着"琅玡王司马金龙墓寿砖"十字。

司马金龙，东晋宗室后裔，他虽然降于北魏，但因其身份高贵，很受当时掌权者的信任。司马金龙死后，当权者为他追封了官爵和谥号，为"使持节侍中镇西大将军吏部尚书羽真司空冀州刺史琅琊康王"。身份如此特殊的人物的墓穴被发现，这对于考古界来说无疑是件大喜事。

让考古学家更加振奋的是，这座墓穴不仅是司马金龙的墓穴，还是一座司马金龙与其妻子姬辰的合葬墓。姬辰卒于 474 年，也就是延兴四年，此墓也是当时修建。而它的二次修建，就是在司马金龙去世之时。太和八年（公元 484 年），经过整整 10 年的时间，司马金龙再次与自己的妻子"同寝"。

确定了墓主人身份，工作人员立刻着手清理文物。可是，在长达一年的清理过程中，考古人员心情却越来越沉重。原来，这座珍贵的古墓已经被盗墓贼光顾过了，而且盗墓贼还带走了不少文物。不过，所幸古墓之中还留下了 400

司马金龙墓屏风画

司马金龙墓出土的屏风画为木质漆屏风，上绘多幅人物故事画，色彩艳丽，线条清晰。这一漆屏风既是魏晋时期漆器珍品，又是北魏绘画史上的佳作。

多件陪葬品，其中便有司马金龙墓漆屏风。

漆画刚被发现时，已经损毁得非常严重了，其残片布满整个墓室，只剩下五块屏板相对完好。考古人员将五块屏板小心清理，而后进行维修和保养，这才让世人看到这幅北魏时期木制漆器绘画作品中的巅峰之作。

栩栩如生的漆画

司马金龙墓漆屏风高81.5厘米，宽26厘米，边框宽约6.7 ~ 6.8厘米。这块木板漆画的主体框架破损，考古界普遍认为，其应有6块屏板以及边框，而整体的宽度是现在屏风的8倍左右，为200厘米以上。

考古学家之所以会做出这样的判断，是因为与漆画被发现的位置有关。该漆画放置于四件雕刻精致的石柱础上，长度刚好为241厘米。为了证明他们的推断，考古学家研究文献之后，找到了关于"十二牒"的记载，而司马金龙墓漆屏风则完全符合文献描述，具体框架为两侧各3块的围屏。

这块木板漆画的正面与背面都绘有漆画，共分为上下4层，而且每一幅漆画上都有文字榜题。最为有趣的是，在部分故事的画面中，同样出现了屏风的图像，这极大地帮助了考古学家了解其使用方式。

从总体上来看，司马金龙墓漆屏风画上所绘的故事大多出自汉代刘向的《列女传》，正面的画面为《启母涂山》《孙叔敖母》《班女

司马金龙墓表原石

司马金龙墓表铭文10行，每行7字，凡66字，字径4厘米，字迹完好如初。

北魏驮粮马俑

北魏器物中最具代表性的是驮粮马俑，是器物中的新题材。

婕好》等。自汉代宫廷开始，统治者便用列女图绘制的屏风装饰宫廷，直到司马金龙所处的魏晋时期依旧流行。屏风背面所绘制的内容多为古贤、高士与孝子，保存较好的有《齐宣王与匮青》《孝子李充》《素食赡宾》等画面。这类画面都有着浓郁的中原文化特色与儒家色彩，这也证明了汉代文化在北魏政权的推行下，已经在上流社会中流传开来。除此之外，这块木板漆画外立面所画人物，不论形象皆为男人；而内立面所绘形象，不论身份皆为女人。这样的绘制可谓颇有深意，非常符合中国古代封建王朝男主外、女主内的习俗。

漆画的漆器制作工艺同样难得，以朱漆为底，黑漆勾勒线条、铅白涂脸、手，黄白、青绿、橙红、灰蓝等色渲染服饰器具。魏晋时期的漆液处理工艺不如现代发达，较为黏稠，本不易作画，但此漆画上彩绘笔法细腻，人物须眉、衣带一丝不苟，线条勾描与顾恺之笔法相似，实为北魏绘画的珍品。

漆屏背后的人文气息

司马金龙墓漆屏风为司马金龙生前的心爱之物，他入葬后，这只漆屏便被放置在棺木旁。从屏风上的历史故事看，司马金龙似乎将其当作规范自己个人品德的"座右铭"。

在今人看来，"男主外，女主内"早已是过时的思想。但在魏晋时期，封建王朝对女人的压迫仍旧存在。在那个时代，司马金龙一生功劳无数，最高官拜大将军，仍能够在妻子死后10年重新修建陵墓，将自己葬于妻子身旁。屏风上所刻画的故事，也正是司马金龙与妻子的日常生活。

器物都是死的，但人在上面所赋予的精神却是活的，这也是文物带给人们的特殊财富。作为埋在地下的一件家具，司马金龙墓漆屏风在象征死者身份的同时，更是作为一种超凡的艺术载体，来反映当时社会与民族所向往的精神追求、文化底蕴以及人文气息。

司马金龙墓漆屏风上的人物个个惟妙惟肖、栩栩如生，它向我们生动地反映出北魏时期的社会生活，具有极高的艺术价值与历史价值。

第四章

古老原始的石器、陶器

陶鹰鼎——国宝陶鼎还做过"鸡食盆"吗

　　陶鹰鼎，又名陶鸮尊、陶鹰尊，为新石器时代后期仰韶文化陶器。其将古老的原始艺术与生活实用功能完美结合，是我国远古时期罕见的雕塑艺术珍品。2002 年，该文物被国家文物局列入《首批禁止出国（境）展览文物目录》，现藏于中国国家博物馆。

文物溯源

　　与那些流传在外、历经磨难才回到祖国的国宝不同，陶鹰鼎在出土后，并未经历过太多颠沛流离的岁月。不过，与那些一经发现便震惊考古界的国宝也不同，陶鹰鼎在被发现后的很长时间内，都被当成了不起眼的物件。

　　对太平庄村民殷思义来说，这个"胖胖的老鹰罐子"用来做鸡食盆是很合适的，它那胖胖的肚子中能盛放不少鸡饲料。就这样，在这种因缘巧合之下，陶鹰鼎被当成鸡食盆，放置在鸡圈之中。

　　如果隔壁村庄的仰韶文化遗址没有被发现，殷思义可能不会想到自己的"鸡食盆"或许也是一件文物。大批考古人员进驻仰韶文化遗址展开考古发掘工作，一件件造型别致的完整陶器被挖掘出来，这些都让殷思义觉得那"胖胖的老鹰罐子"可能并不是谁家不要的"鸡食盆"。

　　当殷思义拿着陶鹰鼎向考古人员询问时，他不会想到，自己手中那只并不起眼的陶器罐子，竟然是新石器时代的重要文物。他当然也不会想到，自己的名字能够与这件传世国宝一起，被载入中国考古历史文献之中。

陶鹰鼎

陶鹰鼎采用驻足站立的雄鹰造型，鼎口设置于背部与两翼之间，将鼎形器物特征与鹰的动物美感巧妙地融为一体。

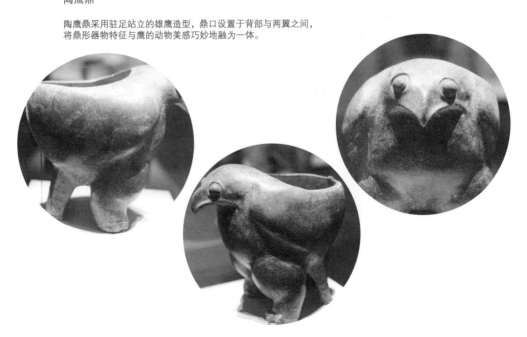

"胖胖"的陶鹰鼎

陶鹰鼎并不像其他宝鼎那般大，其鼎高 35.8 厘米，口径 23.3 厘米，最大腹径 32 厘米，与普通农家所用"鸡食盆"大小相当。在外形上，陶鹰鼎是一只驻足站立的雄鹰造型，雄鹰的背部和两翼开口，呈现出鼎形器物的基本特征。如此造型，也怪不得殷思义会把它当作"鸡食盆"来用。

不过，从艺术的角度来看，整个陶鹰鼎的设计还是非常精巧的。古代匠人们用泥质黑陶雕刻出一只神气扬扬、圆润可爱的鹰，它那圆睁的双眼，展露出了鹰的气势与精神；它那弯钩状的利嘴，是在伺机而动等待抓捕猎物；它那圆润富态的身体，虽然与现实中的猛禽形象不太相符，但却巧妙地将鼎形结构融入其中，也不失为一种艺术想象上的创新实践。

在艺术之外，古代匠人们在设计这款陶鹰鼎时，也考虑到了实用性问题。32 厘米的最大腹径，让它有更大空间，可以容纳各类物品。储水、储粮、储物……在数万年前，这款陶鹰鼎应该也为某位富裕之人提供了不少便利。

古代匠人们一定没少观察大自然中的雄鹰，或许是在野外狩猎时偶然遇见，抑或是用各类工具顺利捕捉，只有取材于自然实物，才能创造出如此惟妙惟肖的陶鹰。也只有对生活拥有细致入微的观察，才会将天上飞翔的雄鹰，与人们常用的"鼎"结合在一起。这种集艺术、美学与实用于一体的雕刻文物，即便在世界文物史中，也是不多见的。

陶鹰鼎与图腾文化

陶鹰鼎出土于新石器时代的一座女性墓葬之中，与其一同出土的文物还有十多件骨匕、数件石圭、石斧及一批生活器皿等。像是石圭、骨匕这类物品，除了在日常生活中会普遍使用外，原始人类也会将其作为礼器，用于祭祀场合。

陶鹰鼎与这些礼器放置在一起，看上去似乎有些格格不入，但这背后很可能是与原始社会的图腾崇拜观念有关。在新石器时代，因为缺乏科学文化知识、对自然了解不多，原始人类会将一些植物、动物当作"神灵"，而后在墙壁上绘制这些"神灵"形象，将陶器制作成各类"神灵"模样。陶鹰鼎便可能是某个将鹰作为"神灵"的部落，出于图腾崇拜观念，所创造的一件陶器。

"神灵"可以为原始人类提供精神庇佑，也可以为原始人类提供艺术创造的灵感来源。将"神灵"形象融入生活器物之中，似乎也隐含着原始人类与自然共存、与万物和谐共生的传统理念。

新石器时代的人类生活遗址中曾经出土过精美的木制漆器，其向我们证明了古人精湛的漆器制作工艺。而陶鹰鼎的问世，则深刻诠释了古人的智慧，他们不仅擅长彩绘图案的制作，在陶器制作、造型艺术方面，也有着很深的造诣。

陶鹰鼎在新石器时代文物中的地位特殊，还有着另外一个原因，那就是在目前我们已发现的新石器时代的陶器中，以鸟类为造型的陶器，当前只此一件，而且制作还颇为精美。我们有理由相信，后世商代鸟兽形青铜器造型的流行，多少也受到了以陶鹰鼎为代表的鸟兽类造型陶器的启发。陶鹰鼎，是开创了一个艺术细分领域的作品。

1993 年 6 月，陶鹰鼎出现在了瑞士洛桑最先建成的奥林匹克博物馆，向全世界展出。它向世界展示了中华民族的悠久历史与灿烂文化，也承担着为北京首次申办奥运助威的伟大使命。

数千年前，古代匠人们站在土窑前，等火旺，等陶凉，最终成就了这一件完美的陶器精品。那时的匠人们会惊喜于自己创造出了一件令人满意的作品，他们不会想到，现在这件作品已经成为中华民族的国宝，承载着深厚的中华历史文化底蕴。

涅槃变相碑——释迦牟尼人生故事集

涅槃变相碑，唐代碑刻，因背面刻有"大云寺弥勒重阁碑"文，所以被称为"大云寺弥勒重阁碑"，是我国唐代佛教文化碑刻中罕见的精品，有着特殊的历史地位与文化价值。2002 年，该文物被国家文物局列入《首批禁止出国（境）展览文物目录》，现藏于山西省艺术博物馆（太原纯阳宫）。

文物溯源

大多数古代文物的制造，往往会与当时人类的社会习性、生活习惯、文化习俗有较大关联，涅槃变相碑与这些内容关联不大，但却与当时的政治生态息息相关。

时间来到 601 年，短暂的隋朝即将走到它生命的终点，60 岁的隋文帝杨坚颁布诏令，要在 30 个州府中修建 19 座舍利塔，供养舍利。泾州大兴国寺由此兴建，成为长安门户。

随后不久，隋朝覆灭，大唐帝国建立。在失落的唐高祖、辉煌的唐太宗，以及李世民暴躁而又懦弱的儿子唐高宗李治后，大唐王朝迎来了一位传奇皇帝——武则天，她的地位即便在中国 3000 多年的封建王朝历史中，也是独一无二的。

690 年，武则天在长安登基称帝，改国号为周。她是我国封建王朝中唯一一位正统女皇帝，在儒家思想对女性有着诸多束缚的封建社会中，她所达到的成就，前无古人，后无来者。

在登基之初，武则天遇到了来自士、农、工、商各个领域的诸多阻碍。为了确保自己执政的合理性与权威性，武则天下令在隋代大兴国寺的遗址上，重新修建大云寺。为何要将这座寺庙命名为"大云寺"？这是因为武则天极为推崇以女性经变故事为主题的《大云经》，她命人在《大云经》的基础上，重新编造经书《大云经疏》，在里面详细讲述了净光天女的佛祖预言，并把弥勒佛信仰融入其中，以此来宣扬自己为"弥勒下生"。

确保了自己执政地位的合理性之后，武则天的权威覆盖了整个大唐帝国，而大云寺的僧人为了彰显武则天是当之无愧的皇权正统，特意在庙中雕刻了一块石碑，这便是涅槃变相碑。以往佛门的石碑都是以文字为主，但涅槃变相碑却少有的以雕图塑像为主，这种独特之处也正好与武则天的"独特"相互映衬。

佛的涅槃故事

涅槃变相碑高 302 厘米，宽 87 厘米，厚 25 厘米，碑身之上雕刻了多个故事，其中佛祖涅槃变相故事位于石碑中心位置，主要表现佛祖涅槃前后的情景。

石碑阳面雕刻着"涅槃故事六图"，主要有中间部分的"纳棺""临终遗戒""茶毗""送葬"四图，碑额部分雕刻的是众弟子将之护持须弥山图，下部则是难陀供养图。石碑阴面雕刻着为母说法、焚棺、双足显圣等图，多是一些佛陀讲法度人的故事。在绘画画面之外，这块碑的正面还雕刻着"大周大云寺奉为圣神皇帝敬造涅槃变碑像一区"20 字。

涅槃变相碑

涅槃变相碑作为极其珍贵的唐代佛教遗存，被列为第一批禁止出国（境）展览文物，其规模之宏丽堪称国宝级文物。

清 佚名 武则天像

唐朝至武周时期政治家，武周开国君主，是中国历史上唯一一位正统女皇帝，也是即位年龄较大及寿命较长的皇帝之一。

总体来看，石碑上的涅槃故事一共可分为两大部分，一部分为卧佛，另一部分则是举哀的佛教弟子群像。卧佛部分是严格按照《涅槃经》所记载的姿态雕刻的，形象变化不多，但从中也能够看出一些因地域文化差异所体现出的宗教文化特色。相比于印度、中亚等地发现的卧佛形象，石碑上所雕刻的卧佛还是稍有特色的。

要说涅槃变相碑中最精彩的部分，还是举哀的佛教弟子群像。佛门等级森严，修行果位的不同，在葬礼上的哀痛表情也完全不同。其中菩萨、罗汉、天人间的神态差异被雕刻得惟妙惟肖，充分体现了当时石碑雕刻技术的高超手法。而在这些佛教弟子之外，匠人们还对前来为佛祖奔丧的社会各阶层，包括各国国王、王子、平民、贵族、商人等不同行业与领域的人群装扮进行了细致刻画，这也为我们了解当时社会的风土人情、生活习俗提供了珍贵史料。

涅槃变相碑的创作，与当时佛教盛行有着脱不开的关联。涅槃变相在佛教历史中是非常重要的艺术题材，流传的时间很是久远，传播地域也非常广，几乎遍布亚洲各佛教国家。可以说，只要有佛教信仰存在的地方，就会有涅槃变相的艺术创作。

艺术之外的深刻内涵

在被制造出来之后的几十年里，涅槃变相碑一直静静地放置在大云寺内。待到武则天退位，李家重新拿回皇权时，太子李显恢复了祖辈的唐朝国号，并下令摧毁全国范围内所有的大云寺。幸运的是，涅槃变相碑在混乱中得以保存，被僧人送入文庙。1921 年，文庙毁于战火，涅槃变相碑再次幸运地保存了下来，并于 1957 年被迁入山西省博物馆保存。

涅槃变相碑的出现，代表着我国唐朝时期的石刻绘画工艺已经相当成熟，并且在当时世界范围内处于领先水平。当然，这件文物的价值，除却其本身所应用的工艺之外，还应包括其所代表的社会文化内涵。

武则天能够以强权镇压天下，让庞大的佛门为她的统治充当柱石，但人心是关不住的，有些事情没有人说，却也没有人会忘。武则天杀子、杀侄、杀掉所有挡在她皇权路上的人，最终站到了巅峰，但她所得到的任何东西都标有相应的"价码"。她所创造的一切尽数被自己的儿子毁掉，但由大云寺僧人们一点一点创作出的涅槃变相碑，却最终传承下来，为后世所见。

常阳太尊石像——太上老君石造像

常阳太尊石像是道教上仙太上老君的石造像，又被称为长阳天尊石像。作为较少几款流传后世的唐代道教石像，常阳太尊石像不仅显示了唐代独特的造像技巧，而且也展现出盛唐的雍容之风，具有独特的历史价值与文化价值。2002年，该文物被国家文物局列入《首批禁止出国（境）展览文物目录》，现存于山西省艺术博物馆（太原纯阳宫）。

文物溯源

719年，唐玄宗在位，道教在此时也正处于鼎盛时期，常阳太尊石像在景云宫道观内雕琢而成。随着中国宗教文化的变迁，道教逐渐没落，这座创建于唐贞观八年的景云宫也衰败了下来。

明朝嘉靖年间，景云宫进行过一次修缮。清乾隆十年，景云宫进行了再次修缮。跌跌宕宕地走过千年后，在1933年的一场大火中，景云宫的大部分建筑都被烧毁，只有元代时修建的玉皇殿还算完整。在此之后，这座无人修缮的道观逐渐废弃。

1957年，全国文物大普查，陕西省文物部门意识到了景云宫的价值，便派遣考古队前来进行鉴定。考古人员在废墟中发现了一块残碑，上面记载着景云宫最早的名称为"景云观"，还记载着这里供奉有道教上仙太上老君的石造像。

考古人员大为惊喜，要知道，在这之前我国还从未发现过唐朝时期雕刻的常阳太尊石像，如果能找到这块石造像，对于了解唐代石刻雕像艺术以及道教文化发展，都具有重要意义。

考古队当即对景云宫进行挖掘，但经过长时间、大规模的挖掘后，考古人

常阳太尊石像

此像于唐朝时期雕刻而成，造型丰颐，线条圆润流畅，具有典型的唐代造像风格。

员一无所获。考古人员普遍认为，常阳太尊石像应该在战乱年代时丢失了，现在早已不在景云宫中。然而就在考古队准备离开的时候，一名考古人员的铲子却突然挖到了一个硬东西。

突如其来的变故让那名考古队员差点摔倒，其他工作人员也为之一愣，他们意识到，接下来很可能会有大发现。果然，在地下深埋着的正是常阳太尊石像。考古人员将这尊石像从地下取出，跨越了千年光景的常阳太尊石像再次出现在世人面前。

道家始祖与唐朝皇帝

常阳太尊石像高 1.5 米，由整块白石雕刻而成，造像身穿道袍，头戴莲花冠，双目细长，右手持扇，左手扶几，盘坐于长方形石座上，神态端庄，衣纹流畅。石像整体造型丰颐温和，有着明显的唐朝造物特征。

常阳太尊，道家始祖老子的名讳，又称太上老君、玄元傲帝。之所以会有这么多称呼，主要是道教文化在不同的封建王朝中，被赋予了不一样的内涵与寓意。

作为我国本土宗教，道教最初以黄老思想为理论依据，自春秋战国时期的神仙方术衍化而来。不过，在春秋战国时期，道教还并未形成有组织、有规模的宗教，直到东汉时期，道教才作为宗教迅速发展起来。

当时最为著名的道教组织便是太平道和五斗米道，一个由钜鹿人张角所创，一个由天师

明　佚名　李渊像

李渊是唐朝开国皇帝，初唐政治家、军事统帅。

张道陵所创。随后，东汉覆灭，在从东汉到大唐的漫长时光里，道教默默发展，最终，在大唐盛世时迎来了它的鼎盛时期。

大唐开国皇帝唐高祖李渊曾是隋朝时期的世家门阀，反隋立国后，李家为了显示自身血脉的高贵性，增加统治的权威性，便将道家始祖老子认为祖先。老子，姓李名耳，从姓氏上来看，李耳与李家的确似一脉。唐朝皇族将李耳尊封为"玄元傲帝"，既抬高了自己的身份地位，又给这位道家始祖"镀"了层

明　佚名　唐玄宗像

唐玄宗是唐朝在位时间最长的皇帝，亦是唐朝极盛时期的皇帝。

金。至此，道教也迅速在大唐传播开来，一跃成为大唐国教。

景云宫的建立是在贞观七年（633 年），而常阳太尊石像的塑造则在开元七年（719 年）。在这近百年的时光中，道教深入李唐社会的每一个角落，经久不衰。可以说，如果没有唐朝皇族的大力支持，道教也不会得到鼎盛的发展，也许我们今天就不会看到这尊常阳太尊石像。

也正是从唐朝起，我国古代石刻造像技艺获得了长足发展，出现了一批道教造像。但经过漫长的时光的摧残，目前存世的道教造像极为稀少，除常阳太尊石像外，仅有四川青城山天师洞三皇像和玉女泉摩崖造像等唐代道教造像存世。这也从侧面证明了常阳太尊石像的珍贵，其在我国宗教历史文化发展史中，在中国石刻造像艺术史中，都占据着极为重要的地位。

大唐宗教之兴

今天，我们研究文物的一个具体原因，就是想从文物的身上看出当时人类社会的发展进程、生活习惯、思想文化。常阳太尊石像身为道教文物，拥有浓郁的宗教色彩。前文中已经提到过，道教因唐朝而兴，其中有着极其特殊的偶然性。这偶然性在于，道教始祖李耳姓李，与李氏皇族是一个姓氏，皇族迫切

明 陈洪绶 老子骑牛图 老子是我国春秋时期的思想家，道家的创始人。一说老聃，姓李，名耳。

需要一位极具分量的历史人物来确定他们的统治地位。就这样，李耳成了李氏皇族的祖先，道教则成了风光一时的大唐国教。

但此时我们不应忽略的一点是，在唐朝兴盛的宗教并非只有道教。大唐是一个包容性极强的朝代，作为我国历史上极为强盛的封建王朝，大唐流行着诸多宗教。伊斯兰教、景教、摩尼教等宗教虽不及道教和佛教那般影响深远，但都能在大唐获得一席之地。

除却宗教，还有万国来朝，包括日本、朝鲜、越南等，纷纷奉大唐为宗主国，唐太宗李世民更是被西域各国尊称为万王之王、天可汗。

因此，我们从流传至今的常阳太尊石像中，能看出很多东西，有当时在一点一点修建它的道士，有前来上香的络绎不绝的信徒，有规模宏大的景云宫。常阳太尊石像代表着一个空前强盛、包容开放的大唐帝国。

茂陵石雕——大汉王朝不朽丰碑

茂陵石雕，西汉霍去病墓之大型石刻群，是我国目前为止发现的最大、最早、保存最完整的大型石刻群，是极为优秀的汉代石雕工艺品。2002年，该文物被国家文物局列入《首批禁止出国（境）展览文物目录》，现藏于陕西茂陵博物馆。

文物溯源

相传，汉武帝刘彻在一次外出打猎时，在某地看到了一只貌似麒麟的动物，以及一棵长生果树，他便认为这里是一处风水宝地，下令将此地圈禁起来，修建皇家陵墓。汉武帝圈禁的地方名为茂乡，正是今天茂陵的所在地。

公元前139年，汉武帝发布诏令，在全国范围内征召工匠、徭役数万人，在槐里县（今陕西省兴平市）茂乡开始修建茂陵。此项工程规模极为浩大，汉武帝动用了全国上下三分之一的税赋，历时53年，在公元前87年才完成陵墓建造。

公元前84年，汉武帝离世3年之后，汉昭帝即位。同年，茂陵被盗墓贼光顾，墓中所葬玉箱、玉杖二物被盗。公元前64年，汉宣帝元康二年，茂陵再次被盗掘，汉武帝地宫内所藏杂经三十卷尽数被盗。

190年，大汉王朝走到了它生命的终点，皇族式微，天下诸侯割据，狼烟四起。董卓为筹措军资，派遣吕布盗掘茂陵。近700年后，881年，曾经的大唐帝国也走到了命运的尽头，黄巢率兵攻入都城长安，再度盗掘茂陵。

茂陵经过千年岁月，已经遭到严重破坏，大量国宝级文物被盗，但幸运的是，还有一批珍贵的文物，从塑造之初，到21世纪的今天，依旧矗立在那里，这些文物就是茂陵石雕。

生动形象的茂陵石雕

现存的茂陵石雕主要有 16 件，原分布在霍去病墓的墓前和四周。16 件茂陵石雕中，以人和动物为造型的雕刻最多，共有 14 件，分别为"马踏匈奴""跃马""卧牛""卧马""伏虎""野猪""怪兽吃羊""人与熊""石人""卧象""蛙""鱼（一对）""蟾"；另外两件则是石刻文字，分别是"左司空"三字石刻和"平原乐陵宿伯牙霍巨益"十字石刻。

"马踏匈奴"石雕，高 168 厘米，长 190 厘米，是 16 件石雕作品中最具纪念意义的一件。一匹气势昂扬的战马威风凛凛地跨立在战败的一名匈奴人身上，这名匈奴人虽然手持弓箭，却因惶恐不安而无力搭弓射箭。这正是匈奴人在面对霍去病时的正常反应，在匈奴人眼中，霍去病就是不可战胜的存在。

在艺术表现上，"马踏匈奴"石雕是为了展现霍去病的丰功伟绩而塑造的，古代匠人们运用自己丰富的想象，将霍去病的卓越战功以一种略为独特的造型展现出来。此种高度概括的艺术表现手法，在现在依然值得我们学习、借鉴。

"卧牛"石雕，长 260 厘米，宽 160 厘米。牛在古代农业社会中有着不可忽视的作用，是温顺有力的代名词。这一石雕生动展现了牛特有的温良与驯服，同时也没有忽视牛本身躯体有力的特点。

从外形设计上看，这尊"卧牛"石雕是非常写实的，那铜铃般的双眼以及宽厚的嘴，真实还原了生活中的牛的形象。其他如"卧马""卧象""野猪""伏虎"等动物石雕也如"卧牛"一样，很贴近于现实生活中的实物。古代匠人们用高超的艺术手法，让这些动物雕像栩栩如生，生动真实。

"怪兽吃羊"石雕，长 274 厘米，宽 220 厘米，是罕见的依据石块自然形态雕刻而成的一尊石雕作品。古代匠人们以简练的线条勾勒出凶恶贪婪的怪兽，用石面的自然形状来表现痛苦挣扎中的羊的肌肉状态。虽是静态画面，却营造出了十分恐怖的气氛，产生了强烈的动感和极强的艺术感染力。

圆雕、浮雕、线刻等雕刻手法被广泛运用在茂陵石雕之中，这正是那些动物石雕能够饱含生机、惟妙惟肖的原因所在。根据石材的自然形状去构思所要

伏虎

马踏匈奴

卧牛

明　杨荣　御制外戚事鉴·霍去病

霍去病20岁时升任骠骑将军，指挥两次河西之战，歼灭和招降河西匈奴近10万人，这是华夏政权第一次占领河西走廊，从此丝绸之路得以开辟。

109

雕刻的形状，既要用到巧夺天工的技法，又要顺应石材的自然纹理，写实与写意并重，这才有了这些魅力无穷的古代石雕艺术珍品。

茂陵石雕以洗练的手法、多样的题材、博大深沉的意象，在我国艺术史上占据着举足轻重的地位。这是一批具有深刻研究价值的古代石雕珍品，是汉朝珍贵的文化遗产，展现出了中华民族雄厚的文化气质。

陪葬皇陵

霍去病一生功劳无数，封狼居胥，达到了中国武将的个人巅峰。或许是因为天妒英才，霍去病在24岁时便黯然病逝。霍去病死后，汉武帝感念他的忠勇，让他陪葬茂陵，并下令将他的坟墓修成祁连山的模样，又命工匠雕刻了一组巨型石雕摆放在他的墓前，以彰显他的伟大功勋。

我国古代的陪葬制度最早可以追溯到原始社会时期，但那时的陪葬是一种残酷的制度，并没什么荣光可言。商周时期，宗法制度之下，陪葬制度有所变化，血缘亲族陪葬成为主流。西汉时期，没有血缘关系的功勋大臣获得了陪葬皇陵的机会，至此，陪葬皇陵便成为一种笼络功臣的重要政治手段。

生前高官厚禄，死后陪葬皇陵，这是大多数官员都朝思暮想的事。年纪轻轻的霍去病一生戎马，为大汉王朝建立了不朽功勋，陪葬皇陵是理所应当的。以霍去病墓为代表的茂陵陪葬墓，不仅开启了纪念性墓冢形状设计的先河，更开创了纪念性墓葬石刻艺术的先河。在他墓前的那些石雕作品，不仅向世人诉说了他的丰功伟绩，更向世人展示了汉人石刻深沉雄大的气魄。

大秦景教流行中国碑——中国基督教之昆仑

大秦景教流行中国碑，记载了景教的教义、礼仪，以及基督教传教士在中原传播景教的重要史实，因保存完好、字迹清晰、书法秀丽，被考古学家认为是研究景教历史以及中国古代与叙利亚、伊朗等地友好交流的重要史料，是考古发现史上极负盛名的"四大石碑"之一。2002年，该文物被国家文物局列入《首批禁止出国（境）展览文物目录》，现藏于西安碑林博物馆。

文物溯源

中国古代称东罗马帝国为大秦国，称最早进入中原的基督教为景教。严格来说，景教原本是东罗马正教的一个分支，在公元5世纪时，君士坦丁堡大主教被东罗马放逐，他的追随者转而涌入波斯，向东发展。

公元635年，景教主教阿罗本入长安，觐见唐太宗，受到了唐太宗的礼遇。唐太宗准其在中原传教，并为景教建立寺庙。公元781年，景教在中原地区活动接近150年，大秦景教流行碑也于此时在长安大秦寺被雕刻完成。

公元845年，武宗灭佛，天下宗教人人自危，景教教徒将此碑埋入地下，景教也随之黯然沉寂。在此后的漫长时光中，大秦景教流行中国碑都被深埋于地下，直到800多年后，大秦景教流行中国碑被当地百姓意外发现，运入金胜寺中。

在金胜寺中，大秦景教流行中国碑度过了一段极为平静的日子，这段时光延续了近300年。清朝末年，全国各地战乱四起，金胜寺也不能幸免，正殿以及碑亭全部毁于战火，大秦景教流行中国碑却幸运地留存下来。

1907年，丹麦记者何乐模听说了此碑的事情，他很清楚大秦景教流行中

大秦景教流行中国碑碑文

大秦景教流行中国碑记载了景教教义、礼仪，以及唐代前中期来自大秦国的基督教聂斯托利派传教士在华传播景教的重要史实。

国碑的价值，因此暗中贿赂寺庙中的老和尚，并雇佣石匠将此碑复制一份，想用"狸猫换太子"之法，将原碑运往伦敦。

在一切准备工作都完成后，消息意外走漏，当地政府立即阻止了这件事，一番交涉后，复制碑被运走，原碑被陕西巡抚曹鸿勋运往西安城内碑林隐藏起来。

在几千年的岁月中，大秦景教流行中国碑历经风雨，遭遇了诸多劫难，但都幸运地躲过了。不得不说，这是大秦景教流行中国碑的幸运，也是我国历史文化传承的幸运。

中国基督教之昆仑

大秦景教流行中国碑由黑色石灰岩制作而成，高279厘米，宽99厘米，由上、中、下三部分组成。上部碑额有盘龙浮雕，中部碑身是碑文内容，下部底座为龟座。

大秦景教流行中国碑上共刻有1780个汉字，在碑文下方和碑身的左右两侧刻有许多叙利亚文。碑头飞云与莲台上立有一个十字架，在十字架周围则环绕着一种无角之龙"螭"，这种动物纹饰在我国许多器物上都能看到。在"螭"的左右是正在绽放的

112

宋 佚名 唐太宗立像

李世民登基后，积极听取群臣的意见，以文治天下，并开疆拓土，开创了中国历史上著名的"贞观之治"，为唐朝130年的盛世奠定了重要基础。

百合花，二者交相辉映，相得益彰。

石碑中部的碑文内容也分为三部分，其一是景教教义，为景教经典《尊经》的汉译内容；其二是景教传入中国的过程，以及雕刻此碑时景教在大唐的发展历程；其三是歌颂长安地区主教伊斯的内容，他对景教在大唐的发展起到了重要作用。在这三部分内容之外，在碑身两侧还可以看到用古叙利亚文和汉字雕刻的许多景教僧人的名字和职称。

在这三部分碑文内容中，最具历史研究价值的便是第二部分关于景教流传发展内容的记载。前文所提到的景教主教阿罗本来到大唐，得到唐太宗的接见，并获准在国内传播景教，便是碑文中记载的内容。复制的石碑被运往国外，并得到珍藏，也是由于其上内容对于研究景教在中国的发展具有重要价值，是景教发展史的重要组成部分。

基督教作为世界三大宗教之一，对世界宗教文化和历史发展产生了深远影响。大秦景教流行中国碑是其最早传入中国的见证，对于考古学家而言，这是他们研究中国古代基督教传播的重要参考文献，是研究中西方宗教文化交流、文化艺术传播的珍贵史料。因此，大秦景教流行中国碑也被誉为"中国基督教之昆仑"。

大唐的文化自信

大秦景教流行中国碑的出现，与当时景教在长安地区的繁荣发展是分不开的。但如果没有唐朝政府的认可，从东罗马帝国仓皇出逃的景教也根本无法在大唐帝国立足生根。可以说，是大唐的兼容并包才让景教逐渐发展壮大，才让大秦景教流行中国碑得以正式雕刻完成。这一驰名中外的楷书碑石，凭借清晰的字迹内容、雄浑的艺术笔法，以及对中国古代与叙利亚、伊朗等地文化交流的记载，成为我国古代宗教历史发展中的重要遗产。

宗教文化在中国历史中始终有着特殊的意义，无论是佛教，还是道教，都曾在封建王朝中扮演过重要的角色。不同于西方世界中王权与神权的上千年斗争，在中国古代的封建王朝，皇权是超越神权的至高无上的存在。当神权想要挑战皇权的威严时，历代封建王朝统治者便会掀起声势浩大的"灭神"活动，以持续不断地削弱宗教文化的影响力。

但唐朝不同，大唐帝国以宽阔的胸怀包容一切，无论是佛教、儒教、道教，还是后来兴起的景教或其他宗教，都可以在大唐帝国中自由发展。大秦景教流行中国碑所展现的，正是这个对自己的经济、政治、军事和文化实力都有着充分自信的王朝。

千年时光已过，帝王勇将皆已烟消云散，传说故事不可尽信，史料典籍多有散佚，我们只能通过那些传承至今的文物，去了解中华民族的过去。大秦景教流行中国碑，在静静地向世人诉说着一个强盛、自信的大唐帝国。

鹳鱼石斧图彩绘陶缸——中国绘画之滥觞

鹳鱼石斧图彩绘陶缸，为新石器时代前期葬具，其上绘制的彩画是我国目前为止发现最早、面积最大的一幅陶画。2003 年，该文物被国家文物局列入《首批禁止出国（境）展览文物目录》，现藏于中国国家博物馆。

文物溯源

自 1964 年以来，河南省临汝县（今临汝市）阎村新石器时代遗址便不断有瓮棺葬、白衣彩陶、石斧和砂红陶片出土。1978 年，当地百姓便发掘了十多座瓮棺葬，整理后共收集到 19 件完整陶器，其中一件鹳鱼石斧图彩绘陶缸十分引人注目。

这件彩绘陶缸的造型算不上别致，与寻常人家所用的盛米、盛水的陶缸差不多，真正引人关注的是其上的彩绘图画。整幅图画占据了缸体二分之一的面积，是迄今为止我国发现的最大的一幅原始社会时期的彩陶画。

引发各界关注后，这件彩绘陶缸被迅速转运至河南博物院，而后又转移到中国历史博物馆中收藏。经过了多次辗转、挪运后，这件国宝级文物最终在中国历史博物馆中"安家"（2003 年，中国历史博物馆和中国革命博物馆合并为中国国家博物馆，现在这一文物被收藏于中国国家博物馆中）。

中国画的雏形

鹳鱼石斧图彩绘陶缸以夹砂红陶土烧制而成，高 47 厘米，口径 32.7 厘米，底径 20.1 厘米，敞口、圆唇、深腹、平底，沿下有四个对称的鼻钮，缸身的

鹳鱼石斧图彩绘陶缸

陶缸外侧鹳鱼石斧图画面真实生动、色彩和谐、古朴优美，极富意境。

图像绘制于一侧，高37厘米，宽44厘米，名为"鹳鱼石斧"彩陶饰图。

在这幅"鹳鱼石斧"彩陶饰图中，我们可以看到两组截然不同的绘画内容，一幅以右边竖立的石斧为主要内容，一幅以左边站立的白鹳为主要内容。右侧的石斧斧身上有特殊的孔眼，斧柄处则有编织物缠绕和特殊符号；左侧的白鹳通体洁白，昂首挺立，目光炯炯，嘴上衔着的大鱼则身体僵直，毫无生气，在神态上与白鹳形成了强烈反差。

在原始社会中，石斧是人们砍伐树木、防御野兽的重要工具，在人类与自然的对抗中发挥着重要作用。对于原始人类来说，石斧是力量的象征，可以赋予他们战胜自然的力量。所以在某种意义上来说，石斧不仅是原始人类生活中的重要工具，也是他们在精神世界中的重要依靠。在"鹳鱼石斧"彩陶饰图中，石斧便被赋予了某种人格化特征，它如人一样竖立，斧刃对外，显示出一种威严气势。

在这种文化内涵之外，"鹳鱼石斧"彩陶饰图中还展现出许多艺术特征。不勾勒轮廓，而是以纯白颜色直接涂抹出鹳的形象，一气呵成，重在意蕴，很像后世中国画的"没骨"画法；鱼和石斧则不同于白鹳，二者都有由粗细不等的线条勾勒出的轮廓，这又很像后世中国画中的"勾线"画法；而在用粗细不同的线条勾勒出轮廓

人头形器口彩陶瓶

该瓶属仰韶文化庙底沟类型彩陶，装饰以雕塑，与彩饰构成一体，极其自然。

陶碗

此陶碗鼓腹，圈足，外形绘画匀称，兼具艺术美感和实用价值。

后，鱼和石斧之中又被填入了不同的颜色，这则像后世中国画中的"填色"画法。

这幅画中出现的一些绘画技法虽然不算成熟，但多少有些中国画绘制技法的影子。因此，一些研究者认为，这幅"鹳鱼石斧"彩陶饰图可以算是中国画的雏形。

这幅图画是中国史前彩陶艺术的最高成就，也是仰韶文化典型代表之作。它的出现意味着中华史前绘画艺术从纹饰绘画到物象绘画，体现了中国古代艺术家将浪漫融入现实的创作思想。

"鹳鱼石斧"的背后故事

鹳鱼石斧图彩绘陶缸是仰韶文化瓮棺葬具，这种特殊的葬具从新石器时代早期到新石器时代晚期时颇为流行，此后一直到汉代虽然也有使用，但多已被石棺、木棺所取代，最终没入历史长河之中不见踪迹。

既然是一种瓮棺葬具，那其上的图画就不会只是展现实物场景那么简单，在其背后一定蕴含着某些深刻内涵或是不为人知的故事。

由于这一文物距今太过久远，我们很难从史料典籍中找寻到某些确切的内容记载，所以只能结合当时的社会背景及风俗习惯，来推敲其上图画所要表现的"背后故事"。

一种较为普遍的说法认为，这一瓮棺葬具是原始社会某个氏族首领所用，石斧是氏族首领所用的武器，白鹳是这一氏族的图腾，鱼则是敌对氏族的图腾。按照这种设定来解读，这幅"鹳鱼石斧"彩陶饰图所展现的便是这位氏族首领生前的功绩。

这位氏族首领凭借着手中的石斧，带领氏族成员击败了鱼氏族，为部落赢得了荣誉。在他离世后，氏族中的人们为了纪念这位伟大首领，便把他的英勇事迹绘制在瓮棺葬具上。

即使是在物质资料匮乏、社会生产力落后的原始时代，先民们也能够创作出这样精美杰出的艺术作品。既有艺术之美，又有文化之美，这正是这件彩绘鹳鱼石斧图陶缸的价值所在。

竹林七贤砖印模画——"竹林七贤"为何有八人

竹林七贤砖印模画，又名"竹林七贤与荣启期砖画"，魏晋时期所作，是迄今为止我国发现最早、保存最好的一幅砖画。2002 年，该文物被国家文物局列入《首批禁止出国（境）展览文物目录》，现藏于南京博物院。

文物溯源

1960 年，考古学家们在南京西善桥宫山发掘新石器时代遗址时，意外发现了一座南朝帝王陵墓——南京市西善桥宫山大墓。在经过了一个多月的挖掘后，考古人员从墓中发掘出数十件珍贵文物，其中最为引人注目的便是墓室两侧的砖印壁画，即竹林七贤砖印模画。

考古界普遍认为，竹林七贤砖画是南朝墓中特有的艺术精品，只有在最高等级的墓葬中才能出现。但在一番考古发掘后，考古人员发现，这座大墓在墓葬规模、墓葬结构上，与当时的王侯陵墓存在一些较为明显的区别，比如这座大墓的甬道只有一道石门，而南朝帝王陵墓甬道多是两道石门。

这就是说，这座大墓既不是一般的帝王陵墓，也不是普通的王侯陵墓。那它究竟是谁的陵墓呢？经过一番深入研究，有学者指出，这座陵墓的主人为陈废帝陈伯宗。这位帝王在即位两年后被贬为郡王，在死后以郡王身份下葬，所以陵墓的规模不能像帝王陵墓一样，但又因为他曾做过皇帝，所以在陵墓中放置竹林七贤砖印模画也是可以理解的。

或许正是因为陵墓规模不大，随葬物品不多，这位陈废帝的陵墓才没有多次被盗墓贼光顾。也正因如此，我们才能看到保存如此完好的竹林七贤砖印模画。

竹林七贤砖印模画

这幅砖画纯熟地发挥了线条的表现能力，人物造型简练而传神，八人席地而坐，性格特征鲜明，人物之间以树木相隔，完美地体现了对称美学。

清　禹之鼎　竹林七贤图

这幅山水人物画作景致描绘细腻，以长卷布局，人物分散而又相互呼应，为竹林七贤图画作中的精品。

"竹林七贤"有八人?

竹林七贤砖印模画共有两组,出土前分布于宫山大墓墓室内壁南北两侧,各由 300 多块砖石拼接而成,其中一组高 78 厘米,长 242.5 厘米;另一组高 78 厘米,长 241.5 厘米。每幅砖画上各有四个人物,其中一块上绘有嵇康、阮籍、山涛、王戎四人,另一块上绘有向秀、刘伶、阮咸、荣启期四人。

说到这里,很多人或许已经发现了其中的问题,明明是"竹林七贤",为何会画有八人?这多出来的一人名叫荣启期,为春秋时期隐士,出生年代早于"竹林七贤"700 多年。据古籍记载,孔子周游列国时路过泰山,曾与荣启期有过一番交谈,孔子认为他是不可多得的"高士"。之所以将荣启期绘制进"竹林七贤"中,不仅是因为绘画中讲究的对称美,还寓意着"竹林七贤"与古代高士的追求一脉相承,更有将荣启期奉为"竹林七贤"楷模的意思。

在这第一组砖画中,嵇康的目光注视着远方,神态冷峻,双手正在轻抚膝盖上的古琴,其身边所绘的松树与银杏随风飘扬,似乎是在迎合琴声,姿态优美。阮籍在阔叶林下悠然盘膝而坐,神态自然,举止潇洒;他将右手放在唇边,头颅微微上扬,似乎正在仰天长啸。山涛盘膝坐在树下,一手执杯,一手挽袖,似乎在向众人敬酒,神态悠然。王戎也坐在树下,身体斜靠桌几,一只手把玩如意,一只脚自然翘起。

在第二组砖画中,向秀上半身倚靠在树上,衣物自然滑落至肩下,双目紧闭,似在沉思。刘伶眼睛直勾勾地盯着手中的酒杯,另一只手则在杯中轻点,似乎想先品尝一下酒的滋味。阮咸盘膝于树下,正在弹奏着自己所制琵琶"阮咸"。荣启期的长发、长须打理得极为整齐,他盘膝端坐,双手抚琴,与竹林七贤的随意坐姿差距很大。

魏晋画像砖

竹林七贤砖印模画的绘制,离不开魏晋时期早已成熟的绘画技术,手法高超的工匠们几乎都被六朝帝王贵族征召,为他们绘制了大量彩绘画像砖,这和当时封建贵族喜欢绘画艺术、追求高雅奢华的流行风气有着极大的关系。当然,这也与当时流行的厚葬之风有着密切关联。

汉代社会认为，厚葬的标准就是"事死如生""事亡如存"，简单来说，就是要让死者与活人享受一样的待遇。人活着的时候要有房屋，死者也同样该有墓穴；人活着的时候有生活用品，死者也同样要有殉葬品。在古人看来，死亡是通往另一个世界的方式，所以活着的人要为了死者的体面，为了死者在另一个世界能够过得舒适，对死者进行厚葬。画像砖这种带有艺术气息的砖石，恰好符合了当时人们的需要。

为了让死者在另一个世界生活得不孤寂，画像砖通常色彩明艳绚烂。画像砖上的内容可以分为现实生活、历史故事和神明仙境三种。比如，对一些有身份的死者，人们会将其生平故事用画像砖进行记录，以此纪念死者的生活、贡献或功绩。再比如，一些贵族会使用大量绘制升仙过程和缥缈仙境的画像砖，以此来表达墓主人渴求得道成仙的愿望。

"竹林七贤"正是魏晋时期较为流行的砖画内容题材，在当时只有身份尊贵的王侯才能使用。竹林七贤砖印模画作为我国发现最早也是保存最为完好的大型人物画像砖作品，具有极高的艺术与历史文化价值，是20世纪中国百项考古重大发现之一。

它的珍贵，不仅在创作手法上，还在于这幅绘画中所体现的主题思想。中国古代社会封建等级制度森严，这一点，不论在文学作品还是绘画艺术上，都有着深刻的体现。竹林七贤砖印模画突破了这一枷锁，不再将绘画中心表现为"成教化、助人伦、明劝诫、著升沉"，而是着重表现个人的向往与独立思想，与魏晋时期自由开放的思想文化风气颇为相符。

第五章
璀璨夺目的金银器

西汉金兽——锤出来的大汉金器

西汉金兽，国宝级文物，1982 年出土于江苏省盱眙县南窑庄窖藏，是汉代金器的杰出代表，也是我国考古史上迄今为止发现的最重的一件金器，现收藏于南京博物院。

文物溯源

1982 年 2 月的一天，江苏省盱眙县马湖店大队公路生产队正在处理南窑庄东南处排水沟中的淤泥。社员万以全在沟底工作时，于铜壶上发现一只西汉金兽，铜壶之中还有一些金币和几块马蹄金。

得知文物被发现的消息后，当地有关部门立刻前往现场处理，后续考古发掘工作由南京博物院全权负责。

经过细致发掘，南京博物院的工作人员发现，盖在铜壶上的西汉金兽为另一件铜器所罩，这一点从金兽颈部的绿斑铜锈上便可辨认。此外，工作人员还在铜壶周围发现了十多枚梅花钉，以及一件西汉金兽面衔环上的小龙头装饰。在发掘现场以东不远处，工作人员又发现了一处汉代遗址，并从中发现了一些瓦片残片。

2017 年 1 月 28 日，西汉金兽亮相由海南省博物馆举办的"金玉良缘"文物展。2018 年 9 月 21 日，由成都金沙遗址博物馆举办的"金色记忆——中国 14 世纪前出土金器特展"展览上，也出现了西汉金兽的身影。2019 年 5 月 2 日，由扬州举办的"大运河文物精品展"展览，西汉金兽再次参展。

西汉金兽

西汉金兽呈豹形，蜷伏状，豹头枕伏于前腿之上，颈部戴三轮项圈，是南京博物院的国宝级文物之一，也是中国考古史上发现的金器中最重的一件。

西汉战车杆配件镀金

此西汉金器将古代金属铸造工艺和金器捶击工艺这两种技法完美结合。

精美的西汉金兽

西汉金兽高 10.2 厘米，长 17.5 厘米，宽 16 厘米，重量达 9100 克，含金量高达 99%。整体兽身呈现蜷伏状态，兽首枕于前腿之上，靠近前膝，屈腰团身，双耳贴于脑门两侧，头大尾长，身短粗壮，形态似虎像豹，双目圆睁，张口露齿，神态颇为警觉。兽颈部有一圈三轮项圈为装饰，头顶有一环钮，空腹厚壁，浇筑成形。兽身底座空凹，内壁有"黄六"二字，为小篆字体，"黄"代指质地为黄金，而"六"则为序数。

西汉金兽的铸造时间应该在战国晚期至西汉早期，这一时期的青铜铸造工艺已经颇为成熟，在这一工艺的基础上，工匠们先将金兽浇铸成形，而后又使用金器锤击工艺，在金兽全身饰满大小不一的斑纹。

从外形特征上来看，西汉金兽与满城汉墓的鎏金铜豹颇为相似，据此判断，这只金兽被铸造成豹形，很可能是用来辟邪消灾的。

驯兽与辟邪

有文学家曾说过："金是宇宙中万千星辰碰撞爆炸之后留存下来的遗迹，是我们能够在地球上握住星星的证据。"这浪漫的说法赋予了黄金与众不同的意义。在中国人心中，黄金自始至终便有不同于其他金属的价值。我国是全世界较早使用黄金的国家，考古学家在商代墓葬中便发现有黄金制成的龙纹饰品，直至春

清　佚名　项羽像

项羽是秦朝末年政治家、军事家，楚国名将项燕的孙子，是一位以武力出众而闻名的武将。

秋战国时期，黄金作为贵金属已经成为当时的重要货币之一。

作为南京博物院国宝级文物，西汉金兽的历史价值及考古价值极其深厚。西汉金兽的兽身原型目前仍有争议，部分专家认为其为老虎，有些学者认为是狮子，还有一些人认定其为豹子。根据整体的造型及形状特征来看，其为豹子的可能性最高。

驯兽在我国起源较早，北京大葆台西汉墓中便有豹子的痕迹，所以在西汉时期，我国可能已有驯豹子作为宠物的传统。而在中国古代，虎豹作为众所皆知的凶兽，在古人眼中亦是神兽。西汉金兽为凶兽模样，证明其主人希望金兽能辟邪，护佑一方安宁。虽然我们无从得知究竟是谁将它们匆匆掩埋于此，但可以肯定的是，能够在西汉时期利用大量黄金铸成如此贵重的金属制品，其主人的身份必定非富即贵。

"折戟沉沙铁未销，自将磨洗认前朝"，古人于战场之上拾到前朝的武器，便可探知前朝战争的惨烈，我们更可以通过西汉金兽这件巧夺天工的文物，揭开重重面纱之下的历史，窥探独属于西汉的那一抹风情。

秦汉之界，江淮地区风起云涌，英雄逐鹿天下，战事频发，作为西楚地区军事重镇，盱眙县以不可忽视的姿态登上历史舞台。秦朝末年，陈英率东阳少年响应陈胜、吴广起义，聚众反秦；而楚怀王则被项羽、项梁等楚国贵族拥立为王，于盱眙建都；汉高祖末年，荆王刘贾被叛军击溃，败亡于此处……滚滚红尘之下，盱眙当地埋藏了多少历史？又埋藏了多少乱世遗珍？

最终，西汉金兽从偏僻的江淮一隅风光乍露，惊现人间，引得无数学者、专家为之倾倒，孜孜不倦地进行研究，以期破译隐藏在其中的文明密码。只有永远不停下向前探索的脚步，我们才能欣赏到一幅又一幅隐藏于历史之中的美好画卷。

踏上历史车轮碾过的道道痕迹，我们顺着这些文物指引的方向而行，最终一定能看到心中所求之物、所思之念。

鎏金舞马衔杯纹银壶——陶瓮中的"大唐秘宝"

鎏金舞马衔杯纹银壶，唐代银器，于 1970 年在陕西西安南郊何家村出土。2002 年，该文物被列入《首批禁止出国（境）展览文物目录》，现收藏于陕西历史博物馆。

文物溯源

1970 年，陕西西安南郊何家村在城市扩建时发现一处唐朝无主窖藏。西安地区的金银窖藏并不少，但没有哪个可以与何家村窖藏相比。在何家村窖藏的两个大陶瓮和一个银罐中，竟然藏有 1000 多件珍贵文物，即使在全国范围内，何家村窖藏的考古价值也是名列前茅的。

何家村窖藏不仅被列入 20 世纪中国重大考古发现行列，还与西方著名考古发现"阿姆河遗宝"相媲美。该窖藏不仅表现出了唐朝时期我国的经济实力，更让现代考古学家直观地认识到当时工匠的工艺水准，有着极高的历史研究价值。

不过略为遗憾的是，迄今为止，何家村窖藏的主人是谁，窖藏于何时埋于地底，又因何埋于地底，都依然没有结论。

在这 1000 多件珍贵文物中，有金银器近 300 件、钱币 400 多枚、玛瑙 3 件、玻璃器 1 件，其中许多文物都让考古人员震惊不已。鎏金舞马衔杯纹银壶就在陶瓮旁的银罐中，造型精美别致，颇具异域风情。

鎏金舞马衔杯纹银壶

该银壶高 18.5 厘米，整体造型仿照骑马的游牧民族储水用的皮囊，上口敛而底部呈扁弧形，周身看不到焊缝。

独具异域风情的银壶

鎏金舞马衔杯纹银壶整体质地为白银，通高14.8厘米，壶口直径2.3厘米，腹长径11.1厘米、短径9厘米，壁厚0.12厘米，重549克。整个银壶仿照西域地区游牧民族装水时使用的皮囊壶和马镫形状，将两者进行融合，最终设计出了这样的造型。

壶身整体呈扁圆形，上部有提梁，再斜向上是壶口，壶口之上倒扣着莲花壶盖。另外，壶盖盖钮上系有一条麦穗式银链，与提梁后部连接，可防止壶盖因脱落而遗失。壶体周身不见焊接痕迹，壶底与圈足相连接处有一图案，为同心结，圈足内书有"十三两半"，此为银壶的重量。

壶身腹部两侧各有一凸起的骏马图像，是工匠以模压手法锤制而成。该马身姿健美，长鬃披颈，前肢绷直，后肢略微弯曲，呈下蹲姿势，马尾和颈部兽带飘动，毛发上扬，动感十足，这也是整个鎏金舞马衔杯纹银壶最令人称奇的部分。根据考证可知，壶身所示骏马为一匹正在舞蹈的马。

在我国古代，马具有重要的意义，是贵族身份与军事实力的象征。马本身具有极为优秀的节奏感，征战、跳舞均不在话下，现代马术比赛中的"盛装马步"便是一项颇为考验马匹节奏感的运动。根据史书记载，我国古人很早便开始对马匹进行训练，到唐代时，马匹不仅能遵从主人的命令行动，而且可以根据音乐来表演舞蹈。

兴庆宫舞马大戏

以鎏金舞马衔杯纹银壶为代表形制的水壶，经常于辽金时期古墓之中发现，是契丹文化的代表之物，这是首次见于唐代金银器中。

公元4世纪初，契丹民族生活在今西拉木伦河和老哈河一带，占据着内蒙古自治区的大部分地区。唐代时期，契丹民族是中国东北地区与唐王朝保持密切交流的少数民族之一，而鎏金舞马衔杯纹银壶的出现，也展现了唐朝时期汉族与契丹等各少数民族之间的文化交流与文化融合。

鎏金舞马衔杯纹银壶中的"舞马"是真实发生在唐朝的事情，唐玄宗在位

鎏金飞廉纹六曲银盘

此盘于何家村出土,廉纹在银盘中出现,
是唐代工匠汲取了外来器物单独装饰动
物纹的做法,又融入本土飞廉创作而成。

镶金兽首玛瑙杯

此杯于何家村出土,杯体为角状兽首形,
兽双角为杯柄,是至今所见的唐代唯
一一件俏色玉雕,是唐代玉器中做工最
精湛的一件。

鎏金鹦鹉纹提梁银罐

清 佚名 玄宗临镜图

唐玄宗尝临镜默然不乐左右曰自韩休为相陛下殊瘦于旧何不逐去以自快乐玄宗歎曰吾貌虽瘦天下必肥岂可爱一身而忘天下乎

时，常年在风景秀丽的兴庆宫理政与居住。他在兴庆湖畔修建"勤政务本"楼，作为自己处理政务之地，每年千秋节及皇帝生辰那日，唐玄宗还会在楼前广场上，大摆宴席招待宾客臣子。席间除了有美味佳肴供应外，还有各种歌舞杂耍供人欣赏，舞马就是大宴时最为惊艳的一种歌舞表演。

每年皇帝生日时，负责表演舞蹈的马匹都会披上锦绣制成的衣服，挂黄色金铃，鬃毛上系贵重珠玉。伴随着"倾杯乐"的节拍，装饰华美的马匹们开始舞蹈，为皇帝祝寿。据说在某次千秋节，舞马屈膝向皇帝祝寿，皇帝大喜赐酒，舞马竟一口叼住酒杯，将杯中之酒一饮而尽。

这就是盛世之下大唐王朝的繁华写照。"兰陵美酒郁金香，玉碗盛来琥珀光。但使主人能醉客，不知何处是他乡。"李白用一首《客中行》写出了别具一格的离愁，也表现出了大唐盛世带给人的留恋与美好。

盛世难有亦难留，唐玄宗应该想不到，曾经让自己喜笑颜开的舞马们，会随着唐王朝的衰落而历尽磨难。安史之乱后，唐王朝盛世不再，舞马大戏也很少再演，不过自那个朝代而来的鎏金舞马衔杯纹银壶，却能够为我们生动讲述这一段已然过去却仍让人记忆犹新的故事。

八重宝函——"八重宝函"唯余七重

八重宝函是供奉佛祖释迦牟尼真身佛指舍利的一套盒函，其制作工艺之精美世所罕见。1987 年 5 月 5 日，该文物出土于宝鸡法门寺地宫，现收藏于宝鸡法门寺博物馆。2002 年，该文物被列入《首批禁止出国（境）展览文物目录》。

文物溯源

1981 年的一场大雨浇垮了法门寺的宝塔，同时也为法门寺地宫的发掘提供了必要条件。由于技术条件有限，工作人员并未在第一时间清理坍塌的宝塔，这也使得沉睡了 1000 多年的大唐地宫又在地底度过了几年不见天日的岁月。

1987 年，考古人员在清理残损的宝塔时，意外发现了一处孔洞，继而又发现了深藏于地下的法门寺地宫。在这座面积不大的地宫之中，埋藏了 2000 多件唐代珍贵文物，丝织品、金银器、陶瓷器……应有尽有。由于法门寺地宫自唐懿宗时起便被封闭，未曾被盗掘，所以其中的文物多保存完好，这为后世研究唐代历史文化及社会生活提供了重要帮助。

除了各式珍贵文物外，法门寺地宫中还放有四枚佛骨舍利（确切地说是四枚佛指舍利）。所谓"佛骨舍利"，就是释迦牟尼去世后，弟子们将其尸身焚化后所得遗物。这些遗物被分置于各地，其中一枚佛指舍利"跋山涉水"来到了法门寺。

八重宝函就是为放置佛骨舍利而特意制成的金银宝器，四枚佛指舍利（三枚影骨、一枚灵骨）中的一枚影骨被放置于其中。影骨并不是佛祖尸身火化后的舍利骨，而是为保护真的舍利骨特意制作的仿品。

考古人员在法门寺地宫后室北壁正中位置发现了八重宝函，但当时最外一

八重宝函

函内盛放着一枚供奉舍利，最外层是一个檀香木函，里面套装着三个银宝函、两个金宝函、一个玉石宝函和一座单檐四门纯金塔。

鎏金龟形银盒

宝鸡法门寺地宫所出的这件鎏金龟形银盒是贮茶之器，它分体錾刻，焊接制成，以背甲作盖，龟首及四足中空。

层的"银棱盝顶檀香木宝函"已经残损，考古人员只得将剩下的七重宝函小心保管。陕西考古研究所曾对宝函进行过仔细清理，并将每重宝函的细节特征都记录下来，为大众了解八重宝函提供了重要帮助。

舍利之家

八重宝函由八层构成，因此得名。宝函最外层为檀香木宝函（已残损），里面套装着三个银宝函、两个金宝函、一个玉石宝函和一座单檐四门纯金塔。八层宝函层层相套，如同套娃一般，每层宝函均使用银锁密封，并利用丝带或绢布包裹，十分珍贵别致。

八重宝函第一重为"宝珠顶单檐四门纯金塔"，是供奉舍利之地。金塔高约 10.5 厘米，重 184 克，由塔身、塔座和垫片构成，整体小巧玲珑，金碧辉煌，尽显皇室之盛。

第二重为"金筐宝钿珍珠装武夫石宝函"，由武夫石磨制而成，周身有雕花金边，以珍珠、宝石装饰，极为华丽精美。

第三重为"金筐宝钿珍珠装纯金宝函"，由纯金雕铸而成，周身镶满红绿宝钿、翡翠玛瑙等各色宝石，并有各类珍珠、宝石花朵装饰。

第四重为"六臂观音盝顶纯金宝函"，由纯金雕铸而成，重达 1512 克，上有双凤、莲蓬、瑞鸟、六臂如意轮观音图等雕饰，左右有药师如来图和阿弥陀佛图，整体造像逼真生动。

第五重为"鎏金如来说法盝顶银宝函"，以钣金成形，鎏金纹饰，正面雕有如来及两菩萨、四弟子、二金刚力士、二供奉童子像，外壁有如来、观音像及金刚沙弥合什礼佛图景，整体造型栩栩如生。

第六重为"素面盝顶银宝函"，通体素净无饰，盖有佛教清净世界之意，出土时仅用绛黄色绫带封系，是八个宝函中最为特别的一个。

第七重为"鎏金四天王盝顶银宝函"，表面刻画有"护世四大天王"像，顶有两条行龙，为流云所围，每侧斜面又有双龙戏珠装饰。

第八重为"银铃盝顶檀香木宝函"，由于其主体为檀香木，虽珍贵异常，却不易保存，因常年埋藏于地宫之中，受到土壤水气侵蚀，出土时已然残朽。

八重宝函整体做工精细、造型优美精致，乃传世罕见之瑰宝。其珍贵之处，不仅在于平雕刀法、宝钿珍珠装饰和盝顶设计，更在于宝函四周壁上凿刻的佛教密宗造像，是佛教密宗文化的真实呈现，将抽象的精神文化变得生动具象。

器以载道

将抽象的精神文化变得生动具体，有许多不同的方法，若将它们附着在具体的器物上，将具体实用的器物升华为既富有艺术性，又极具生命力和文化精神的物件，那便是"器以载道"之法。

"器以载道"是我国传统设计文化中的重要理念，八重宝函的设计就充分贯彻了这一理念。八重宝函本是一种保护所藏之物的实用性器物，但在设计过程中却融入了许多佛教密宗文化元素，成为一件重要的佛教礼器。

器物设计作为常见的物质文化现象，能够最大程度上承载当代的精神文化。一件古代器物的设计，既会体现出当时社会的物质文化水平，也能反映出当时社会的精神文化特征。不同时期或不同地域的器物，均能反映出该时期或该地域的文化面貌。

在数千甚至是上万年的中华历史中，出现了许多各种各样的精美文物，带有纹饰的陶器、造型别致的青铜器、莹润无瑕的玉器，还有形象古朴的石像、小巧精致的瓷碗，这些器物的价值并不只在于其自身的艺术美，更在于其背后多样的时代背景及深厚的文化内涵。

八重宝函的存在，其实是为统治阶级服务的，一方面，佛教的相关思想迎合帝王政治所需，因此受到统治者的信任；另一方面，佛教讲究众生皆苦，告诫众生，只有虔诚信佛才能脱离苦海，恰与维护统治阶级利益相契合，而民众也希望能够通过佛法修行，从而达到心灵上的满足与安慰。

因此，透过这尊八重宝函，我们仿佛能够看到在那个逐渐衰败的唐朝，统治者希望通过佛教来麻痹众生、维护自身统治的意图。可维护王朝统治的根本终究还是百姓富足安乐，这些所谓的手段，也只不过是换来一时的心安或是片刻的安宁而已。

银花双轮十二环锡杖——持此杖即持佛身

银花双轮十二环锡杖，敕造于唐咸通十四年（873 年），1987 年出土于宝鸡法门寺地宫，被誉为"世界锡杖之王"。2002 年，该文物被列入《首批禁止出国（境）展览文物目录》，现藏于宝鸡法门寺博物馆。

文物溯源

1987 年 4 月，法门寺地宫入口被意外发现，现场考古专家忍不住惊呼，原来传说中的地宫密室是真的！兴奋之余，专家们赶紧看向地宫内部，琳琅满目的文物让人眼花缭乱，其中不仅有香具、瓷器、玻璃具、纺织品、佛经、佛像，还有释迦牟尼的真身舍利，以及这柄银花双轮十二环锡杖。

银花双轮十二环锡杖自发现之日起，便被专家视作珍宝，后续未受到任何破坏，被封存于博物馆中，供世人观赏。

唐懿宗咸通十四年，此时，距离李唐覆灭还有 60 年时间，盛世行将落幕，内忧外患严重，这位颇具音乐天赋的皇帝没能延续其父所创中兴局面，反而让大唐江山陷入动乱之中。这位沉迷于享乐、不理朝政的皇帝，虽对治国理政不感兴趣，却对推行佛教很是上心。这一时期不仅刻印了《金刚经》，还修建了宏伟浩大的法门寺，举行了规模盛大的奉迎佛骨活动。

地宫内出土的袈裟、佛像、佛经，包括这把"世界锡杖之王"银花双轮十二环锡杖，都是为了这场惊世骇俗的崇佛活动而准备。这点从其原名"迎真神银花双轮十二环锡杖"便可知晓。

银花双轮十二环锡杖

此锡杖由金银打造，通体金光闪烁，熠熠生辉。

高贵无双的锡杖之王

锡杖又称智杖、德杖，乃比丘行路时携带的道具，可探路亦可防身。银花双轮十二环锡杖长196.5厘米，重2390克，其名虽为锡杖，却并非由锡合金制成，而是使用了黄金二两、白银五十八两并制而成。这也使其通体金光，极为吸睛。

银花双轮十二环锡杖由三部分组成，杖身、杖首和杖顶。杖身为中空圆柱，通体点缀缠枝蔓草，其上所刻圆觉十二僧佛手持法铃立身莲台之上，造型憨态可掬，面部细节也被刻画得惟妙惟肖；杖身下部装饰蔓草、云气和团花，纹饰充实饱满，上下交相辉映。

杖首为四股双轮十二环，乃佛界最高权威的象征，为佛祖释迦牟尼专属。以流云纹银丝折成垂直相交的四股桃形轮，象征苦、集、灭、道四谛。轮辐之上有三组满饰缠枝蔓草的扁圆十二锡环，代表十二部经。

鏊为流云纹的银丝折成，垂直相交的四股桃形轮，象征四谛：苦、集、灭、道；轮辐上套置三个满饰缠枝蔓草的扁圆十二锡环，代表十二部经。杖顶为两重莲台，象征真佛所在，且佛至高无上，最上托智慧珠一枚。

另外，杖股侧刻有铭文："文思院准咸通十四年三月二十三日敕令造迎真身银金花十二环锡杖一枚，并金共重六十两，内金重二两，五十八两银，打造匠臣安淑郧，判官赐紫金鱼袋臣王全护，副使小供奉官臣虔诣，使左监门卫将军弘悫。"从该铭文可以看出，此杖为大唐亲命铸造，可见当时统治者对佛教的重视和推崇。

据佛经记载，公元前3世纪，阿育王连年征战，最后一统印度，为救赎战争中的杀戮，开始力推佛法，普度众生。在这期间，他派遣大批印度佛教徒出使各国，宣扬仁慈，拒绝暴力，并在世界各地建造佛塔，供世人虔诚朝拜。当时大唐共有佛塔19座，法门寺佛塔便是其中之一。

唐懿宗迎佛骨是继唐宪宗迎佛骨于凤翔法门寺后，又一次盛大的崇佛活动。他将大唐的国运寄托于佛法，想要借此重塑盛唐之荣耀。这种寄托有无作用暂且不谈，身为王朝最高统治者，却不知身体力行，勤于政务，为国为民，佛法纵使无边，也难度此等骄奢之人。况且封建王朝由盛转衰，最终走向灭亡，已成历史大势，想要靠佛法逆势而行，最终只会迎来悲惨的结局。

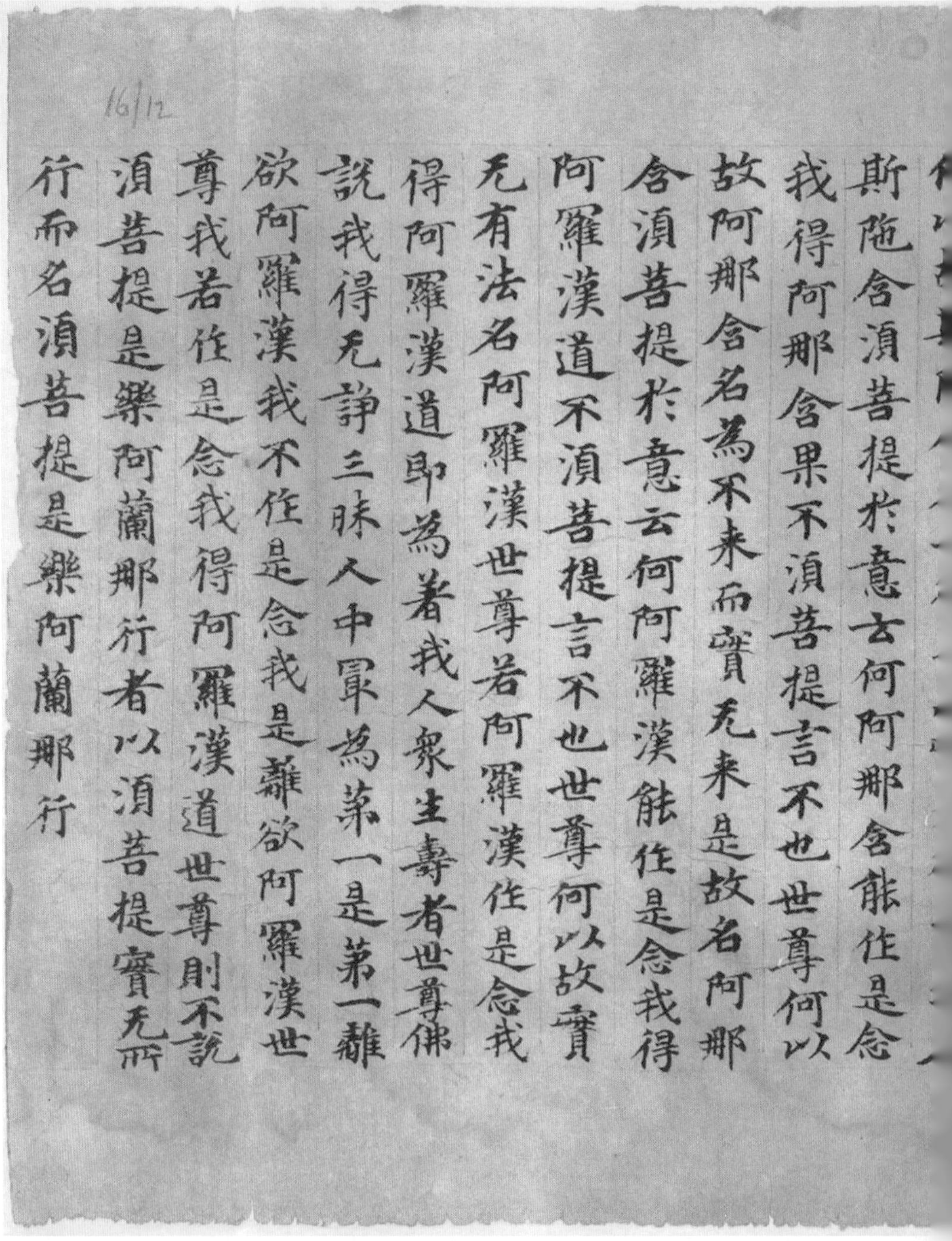

斯陀含須菩提於意云何阿那含能作是念
我得阿那含果不須菩提言不也世尊何以
故阿那含名為不來而實無來是故名阿那
含須菩提於意云何阿羅漢能作是念我得
阿羅漢道不須菩提言不也世尊何以故實
无有法名阿羅漢世尊若阿羅漢作是念我
得阿羅漢道即為著我人眾生壽者世尊佛
說我得无諍三昧人中最為第一是第一離
欲阿羅漢我不作是念我是離欲阿羅漢世
尊我若作是念我得阿羅漢道世尊則不說
須菩提是樂阿蘭那行者以須菩提實无所
行而名須菩提是樂阿蘭那行

敦煌写经《金刚经》手稿

敦煌是佛教传入中国的第一站，《金刚经》具备强大有力的文字阵容，破除微细执着行相，最见奇效。

須菩提於意云何若人滿三千大千世界七
寶以用布施是人所得福德寧為多不須菩
提言甚多世尊何以故是福德即非福德性
是故如來說福德多若復有人於此經中受
持乃至四句偈等為他人說其福勝彼何以
故須菩提一切諸佛及諸佛阿耨多羅三藐
三菩提法皆從此經出須菩提所謂佛法者
即非佛法
須菩提於意云何須陀洹能作是念我得須
陀洹果不須菩提言不也世尊何以故須陀
洹名為入流而无所入不入色聲香味觸法
是名須陀洹須菩提於意云何斯陀含能作

锡杖与佛法

银花双轮十二环锡杖本身就由珍贵金属打造而成，造型精美，珍贵异常，经过1000多年的历史沉淀，早已是无价之宝，更不用说此锡杖背后的深刻寓意。《锡杖经》云，佛告诸比丘："持此杖即持佛身，万行尽在其中。"

锡杖是佛教至高无上的法器，这点毫无争议，它的历史价值以及艺术价值也是非常独特的。它就如同统治者手中的玉玺，无数人向之虔诚跪拜，无数人想要拥之入怀。佛教虽起源于印度，却在中华大地上开枝散叶，更是被几代封建王朝大力推崇。佛教徒们能于佛法中感悟人生真谛，探寻宇宙之无穷，佛法中的很多核心价值观，放在现今科技文明高度发达的社会，依旧具有积极意义。

银花双轮十二环锡杖不仅是一件镶金带银的法器，更是人们心中的崇高信仰，以及精神世界的无限寄托，其所蕴含的文化价值要远超实物价值。

明定陵凤冠——四顶凤冠焕新生

明定陵凤冠是 1958 年出土于北京昌平明定陵的四顶明代皇后凤冠。其中，九龙九凤冠现藏于中国国家博物馆，三龙二凤冠现藏于故宫博物院，六龙三凤冠和十二龙九凤冠现藏于北京市定陵博物馆。2002 年，属于明孝端皇后的九龙九凤冠被列入《首批禁止出国（境）展览文物目录》。

文物溯源

20 世纪 50 年代，中国科学院考古研究所等单位对定陵进行发掘。经过一番缜密准备，考古发掘工作顺利开展，但由于当时的考古技术并不成熟，一些定陵中的文物并未顺利保存下来。

定陵文物的损毁成了中国考古界的一大憾事，而这也让那些有幸保存下来的文物显得更加珍贵。在定陵地宫中，考古人员在万历皇帝及其两位皇后的棺木旁的陪葬品中，发现了四顶明代皇后的凤冠，即属于孝靖皇后的"三龙二凤冠"与"十二龙九凤冠"、属于孝端皇后的"九龙九凤冠"和"六龙三凤冠"。

中国古代皇帝的后妃都会佩戴装饰有凤凰样的冠饰，这便是凤冠。凤冠的前身为凤钗、凤凰爵等凤形"首服"，根据相关史料记载，宫中嫔妃插凤钗的风俗起源于秦朝时期，《中华古今注》中云：秦始皇以"金银作凤头，以玳瑁为脚，号曰凤钗"。

明朝凤冠是皇后的礼冠，主要在册封、谒庙、朝会时佩戴。其形制主要继承宋朝凤冠的形制，又在其基础上有所发展与完善。因此，与宋朝凤冠相比，明朝凤冠更显雍容华美、富丽堂皇。在明清时期，普通女子在结婚时会以彩冠装饰自身，此类彩冠也被称为凤冠。

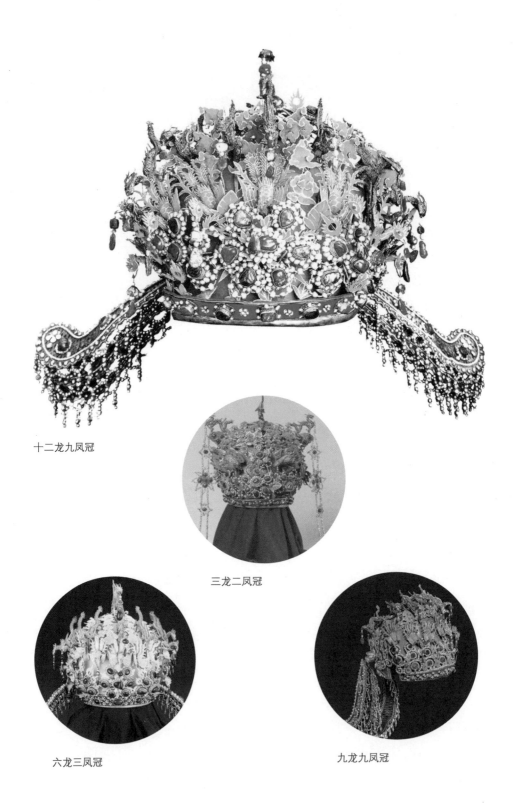

十二龙九凤冠

三龙二凤冠

六龙三凤冠

九龙九凤冠

精致华美的明朝凤冠

明定陵凤冠共四顶，这四顶凤冠的制作方法大致相同，均由漆竹丝胎、金口圈制而成，只是不同的凤冠龙凤数目不等。这四顶凤冠装饰极为精美，均嵌有金龙翠凤、珠宝博鬓、翠云翠叶，一眼望去，精致华美的凤冠之上，金龙在翠云之中升腾翻滚，珠宝花叶之上，翠凤嬉戏飞舞，龙凤口衔珠宝串饰，金龙翠凤交相辉映，珠光宝气，富丽堂皇。

"三龙二凤冠"，整体高度为 35.5 厘米，冠口径为 20 厘米，凤冠消耗 95 块红、蓝宝石，3426 颗大小珍珠进行装饰。凤冠整体颜色亮丽、工艺精湛、光彩夺目，堪称"珍宝之冠"。

"十二龙九凤冠"整体高度为 32 厘米，冠口径为 18.5 ~ 19 厘米，冠重 2595 克。整个凤冠共使用宝石 121 块、珍珠 3588 颗。凤眼为红宝石所饰，共消耗 18 块。凤冠正面顶部装饰一龙，中层七龙，下部五凤；背面上部装饰一龙，下部三龙；两侧上下各装饰一凤。凤冠所饰之龙或四足直立，或昂首升腾，或行走奔驰，姿态虽有不同，但均栩栩如生。所饰之凤展翅翘首，姿态优美，宛若真凤。龙凤口处均衔有各类珍贵珠宝串饰，龙凤下部则装饰珠花，中心嵌宝石，周围绕珠串。龙凤之间还装饰有翠云翠叶（翠云 90 片、翠叶 74 片）。冠口以珍珠宝石围圈一周，边镶金条，中间嵌宝石，宝石周围饰珍珠，其间又以珠花相间隔。

"九龙九凤冠"通高 48.5 厘米，冠口径为

明朝孝端皇后

孝端皇后是明神宗的原配，生前当了42 年皇后。

明朝孝端皇后

王姓，名喜姐，是明神宗朱翊钧在位48 年间唯一一位亲自册立的皇后。

151

明朝孝靖皇后

孝靖皇后 13 岁时被选入宫，为明神宗之母李太后的仕女。三年后，被万历帝青睐临幸，生下了皇长子朱常洛，就是后来的明光宗。

明神宗陵墓出土的金锭

定陵共出土 103 枚金锭，其中 79 枚来自明神宗的遗体下，21 枚来自孝端皇后的遗体下，3 枚来自帝后的头部。

23.7 厘米，重达 2320 克，使用珍珠 4414 余颗，各色宝石 115 块。此冠用漆竹为底，制作帽胎，以丝帛覆面，正面装饰金龙九条，口处衔珠串滴下，同时饰有点翠金凤八只，后部也有金凤一只，共九龙九凤。凤冠后侧下部左右各饰点翠地嵌金龙珠滴三博鬓。

"六龙三凤冠"，整体高度为 35.5 厘米，冠口径为 20 厘米。整个凤冠共嵌宝石 128 块（其中红宝石 71 块、蓝宝石 57 块），装饰珍珠 5449 颗。冠上之龙为全金制品，飞凤所用工艺为点翠。凤冠顶饰有三龙：正面中部装饰以口衔珠宝一龙，两侧飞龙面向外，下有如意云头，为花丝工艺制作，龙口衔珠宝串。中层为三只翠凤，均为展翅飞翔之姿，口衔珠宝。其余三龙则装饰在冠后中层位置，也均为飞腾之状。凤冠下层有大小珠花作为装饰，中嵌红蓝色宝石，衬以翠云、翠叶。冠后为博鬓，左右各三扇，每扇饰一金龙、翠云、翠叶和珠花，周围以珠串为饰。

由于凤冠整体主要采用对称设计，其表面的龙凤装饰栩栩如生、姿态生动、和谐优美，再加上所使用的宝石、珍珠多为珍品，颜色鲜艳、工艺精湛，使凤冠带给人端庄持重却不呆板的感受，皇后高贵的身份也得以显露无遗。

凤冠之下

《左传注疏》曾对"华夏"二字进行了极为详细的注解："中国有礼仪之大，故称夏；有服章之美，谓之华。华、夏一也。"从西周始，我国便是礼乐制度非常严格的国家，再结合宗法制的束缚，礼乐制度成为每个人必须遵守的规则。不同的人有不同的等级，而不同等级的人群在衣、食、住、行等方面都有不同的要求，这也是礼乐制度中极为重要的一环。

正式场合所穿着的衣服会标示主人的身份，也会对其行为进行约束。与现代观念不同的是，古人对头部的饰品极为重视，被称为"首服"。皇后作为后宫之主，乃是封建王朝时期女性最高地位者，因此，其佩戴的凤冠豪华程度举世无双，其重量也不容小觑。

目前，我国现存的凤冠数量极少，因此，这四顶定陵凤冠便成为研究明代女性饰物与地位的历史根据。不过，熟读历史后我们发现，明朝孝端皇后、孝靖皇后一生都未得到丈夫宠爱，所谓的尊贵身份仿佛是套在她们身上的枷锁，将两个可怜的女人囚禁一生。精美的首饰在不得恩宠、毫无念想的嫔妃面前，就像是在灾荒年间给快要饿死的人一双象牙筷子，除了好看，别无他用。

明定陵出土的四顶凤冠是珍贵的，它们不是单纯的一件饰品，而是大明皇室的象征。与此同时，它们还见证了两位皇后的悲楚。母仪天下的背后，却是独守空房的寂寞，戴在头上的珠光宝气除了沉重，还有高贵和荣耀吗？这恐怕只有两位皇后自己知道了。

第六章
装饰精美的瓷器

青花釉里红楼阁式谷仓——世之孤品，国之瑰宝

青花釉里红楼阁式谷仓烧制于元代，是我国唯一一件有明确纪年的楼阁式瓷仓，其以别致的造型、精湛的制作手法，成为不可多得的艺术珍品。2002年，该文物被国家文物局列入《首批禁止出国（境）展览文物目录》，现收藏于江西省博物馆。

文物溯源

1974年的某天夜晚，景德镇派出所接到了报警电话，村里来了几个陌生人，携带特殊工具，正在鬼鬼祟祟地挖东西。这伙盗墓贼非常警觉，在民警到来之前便已逃跑，现场只剩下刚刚被挖开的古墓。

因为墓葬规模并不大，考古学家最初认为这是古代的平民墓葬。但很快，一件模样怪异的瓷器让考古学家改变了之前的想法。这是一件楼阁模样的瓷器，呈现出青红相间的色彩。经过鉴定，这件瓷器被认为是极为珍贵的元代青花釉里红瓷仓。紧接着，墓葬主人的身份也被确定下来，为"故景德镇长芗书院山长凌颖之孙女"。

1979年，当时的丰城县文物馆在省文物商店的帮助下，获得了这件珍贵瓷器。

微缩版"谷仓"

青花釉里红楼阁式谷仓，通高29厘米，纵10.3厘米，横20厘米，整体造型为重檐庑殿顶楼阁式仿木结构建筑，有着江南木构建筑中特有的亭式重

青花釉里红楼阁式谷仓

仓楼为亭式重檐，瓦由釉里红点彩串珠组成，飞檐、朱栋、雕栏，造型别致，华贵绚丽，充分体现了江南木构建筑的特色。

檐。整个楼阁结构复杂，外表看有两层，但从里面观看可以发现，这座阁楼还有第三层。

楼阁的庑殿屋顶正脊中间雕刻有莲花，两端各有一兽，蹲坐姿，面部向外，作张嘴欲扑撕咬状，毛发较长，气势威严。楼阁底部四周皆围有栏杆，每道栏杆的中间都设有通道以及大门，两侧则完全对称。

楼阁内共雕刻有 18 个人物，按照身份可分为四类。其中，大门守卫俑两人、男侍俑四人、女侍俑两人、站立舞蹈俑两人，乐俑最多，有八人。这些雕刻人物虽然很微小，但神态动作却各有特征。其中，侍女俑身着长衣，手持宫扇，在桌旁站立，似随时准备接受传唤。舞蹈俑身段优美，身体转动，挥起水袖，正在舞蹈。楼下侍卫身姿挺拔，手握长棍，威风凛凛。

在楼阁前后以及侧面，都有工匠书写的文字。一楼大门书写有一副对联，上联为"禾黍丰而仓廪实"，下联为"子孙盛而福禄崇"，横批为"南山宝象庄五谷之仓"。两面侧壁也写有竖直排列的文字，其中右侧为"凌氏墓用"，左侧为"五谷仓所"。在左侧"五谷仓所"背面仓板上还写着 159 字长篇墓志铭，主要记述了墓主人姓甚名谁、身世经历、死亡日期，以及家族事迹。

根据瓷仓上的记述，这一瓷器的类型为谷仓。以谷仓作为陪葬品，在我国古代墓穴中并不罕见。无论是汉代中原古墓，还是西晋浙江等地，都有所发现。古人"事死如事生"，希望逝者能够在阴间生活安稳，选择谷仓这种粮器入葬，颇为合适。

因为年代及地域差异，谷仓的样式也会多有不同。一些谷仓会采用下罐上仓形制，较为常见的是一些五联瓷罐；也有谷仓会采用下罐上阁楼形制，在罐体上方塑造阁楼，以还原逝者生前场景；这一青花釉里红瓷仓则采用了重檐楼阁式建筑样式，这是前世未有的创举，在后世也不太常见。

青花釉里红瓷

从瓷器烧制工艺上来看，此瓷仓表面以青白釉为主，立柱、正面仓板、栏杆和瓦当则用铜红釉涂抹，大门上的对联和背板上的墓志铭以青花料书写，瓷仓侧面的大字则用釉里红料书写。这件青花釉里红瓷仓将多种高温釉工艺集于

明　洪武　釉里红三友玉壶春瓶

整器施釉里红花纹，口内沿饰卷草纹，造型丰满，纹饰层次分明，为明洪武釉里红典型器精品。

清　青花釉里红花蝶灯笼瓶

该瓶浅淡的青花、釉里红两色相配，相得益彰，使器物看似素雅，实达至高境界。

清　雍正　红釉白里大碗

碗内施白釉，外壁罩施霁红釉，釉色平稳，鲜红匀净，质地润嫩。

一身，在青花釉里红瓷器中是绝无仅有的存在。

青花与釉里红都属于高温釉下彩，青花用的彩料称为青料，以氧化钴为主要着色剂，以氧化锰、氧化铁调色，烧成率比较高；釉里红用的彩料称为铜红料，以氧化铜为主要着色剂，由于铜元素只有在高温还原状态下才能呈现红色，所以烧成率很低。

元代时已经出现了釉里红瓷，但这一时期的釉里红发色偏黑、偏暗，纹饰多晕散模糊，显然技术还不成熟，这主要是由于在烧制过程中不能很好地控制铜红料的烧成条件所导致的。

明代洪武时期，釉里红瓷的烧制技术有所进步，但发色和纹饰仍不理想。直到宣德时期，釉里红瓷的烧制技术才发展成熟，发色鲜艳，纹饰清晰。宣德之后，釉里红瓷烧制的数量又大幅降低，技术也逐渐失传。

清代康熙年间，恢复了釉里红瓷的烧制技术，且烧制出的瓷器色泽有所提高。雍正年间，釉里红瓷的烧制技术达到了最高水平，呈色稳定鲜艳，尤以青花釉里红瓷器为佳。乾隆年间，釉里红发色有了一定的深浅层次，且出现了施青釉、黄釉、绿釉的釉里红。

从釉里红瓷的发展历程可以看出，元代时的釉里红瓷烧制技艺还不够成熟，想要将青花与釉里红两种彩料同时烧制，更是难上加难。如果这件青花釉里红瓷仓上没有明确记述墓主人的相关信息，那就很难让人相信这件精美的青花釉里红瓷器是在元代时烧制完成的。

釉彩只是这件瓷仓的一处小小闪光点，除了这一点外，宏伟的建筑、独特的样式、复杂的架构、精细的人物、独特的地域文化……这些艺术特征将元代匠人高超的制瓷技艺展现得淋漓尽致，为后世研究元代制瓷工艺和社会民俗提供了珍贵的史料。

青花鬼谷子下山图罐——元青花瓷器中的传世绝品

　　青花鬼谷子下山图罐是知名度较高的元代青花瓷器，瓶身上绘有"鬼谷子下山图"，主要描述了战国时期，在齐国使节苏代数次请求之下，鬼谷子答应下山搭救被燕国包围的弟子孙膑，以及齐国名将独孤陈的故事。

文物溯源

　　青花鬼谷子下山图罐的出土以及制作完成后的流传过程已不可考，目前可知最早的收藏者为一名荷兰人，其曾祖父范·赫默特男爵曾随荷兰使节进入北京，担任护卫军司令，并在北京购买此罐。颇为有趣的是，赫默特购买此罐时，中国尚未发现元代有如此精美的青花瓷，因此他下意识地认为这是明代瓷器。

　　最初，元青花未曾受到重视，在荷兰人的家族中流传了四代人。到了20世纪60年代，该瓷罐被赫默特的第一代后人拿去鉴定，负责鉴定的专家也认为这是明代瓷器，直到赫默特的第三代后人将该瓷罐拿到佳士得拍卖行鉴定估价，它的真正价值才被发现。

　　佳士得深知该瓷罐的重要性，因此在拍卖前安排其去纽约、日本、中国香港、上海、北京等地巡回展览。很快，拍卖开始，佳士得的专家对该瓷罐估价为100万英镑。但让所有人都想不到的是，经过来自世界各国收藏家的竞价，青花鬼谷子下山图罐的拍卖价定格在1400万英镑。加上佣金，它的价格便为1568.8万英镑，折合人民币为2.3亿。

　　而据竞拍者伦敦古董商朱塞佩·埃斯凯纳齐自述，他只是替一位海外朋友出价竞拍，至于那位朋友是谁，他则表示不方便透露对方的身份。

青花鬼谷子下山图罐

鬼谷子下山图

　　青花鬼谷子下山图罐高 27.5 厘米，口径 21 厘米，腹径 33 厘米，足径 20 厘米，素底宽圈足，直口短颈，唇口稍厚，溜肩圆腹，肩以下渐广，至腹部下渐收，至底微撇。瓶身绘画色彩艳丽，经鉴定，其为用进口钴料所绘青花纹饰，共有四层，第一层为颈部的水波纹，第二层为肩部的缠枝牡丹，第三层为瓶身腹部的"鬼谷下山"纹饰，第四层为下部的变形莲瓣纹内绘琛宝，俗称"八大码"。

　　"鬼谷下山"纹饰是整个瓷罐的主题图，图画的主角鬼谷子为我国历史上极为出名又颇为神秘的人物。他是战国时期卫国人，是著名的思想家、谋略家和教育家，也是最早的实用主义探索者，可以将当时的百家思想融会贯通，为自己所用。

　　早年间鬼谷子周游列国，但因与诸侯不合，时运不佳，因此在仕途上名声不显。后自己著书立说，创立纵横家一派。因其隐居之处名为"鬼谷"，所以自称鬼谷子。在隐居之时，他广收弟子500人，其中出将入相者不计其数。

　　后来战国时期的著名人物，如苏秦、张仪、毛遂、孙膑、庞涓等都是其名下弟子。也因为这些弟子的丰功伟绩，鬼谷子的大名方为世人知晓。

　　"鬼谷下山"纹饰主要描述了鬼谷子在齐国使节苏代的请求下，下山援救弟子孙膑和齐国名将独孤陈的故事。在图画中，鬼谷子端坐在一虎一豹拉的车中，身体微微前倾，神态自若，超凡如仙，展现出一种运筹帷幄之中，决胜千里之外的姿态。车前两个步卒手持长矛开道，一位青年将军英姿勃发，纵马而行，手擎战旗，上书"鬼谷"二字，苏代骑马殿后。一行人与山色树石构成了一幅壮观而又优美的山水人物画卷。

　　整个青花纹饰的色彩甚浓，画面紧凑饱满，画中景物主次分明，人与物和谐统一。在人物刻画上，突出展现了人物的动作神韵；在景物表现上，则将草木绘制得精致

青花缠枝"福禄万代"大葫芦瓶

此元代青花葫芦瓶形体硕大，通体绘九个葫芦，藤蔓连绵，寓意祥瑞。

清　佚名　孙膑像

孙膑是战国时期齐国军事家，孙武的后代。

163

完美，真不愧为元青花瓷器中的精品之作。

景德镇瓷器在元代有了重大技术突破，能够烧制更大、更精细的瓷器，这也是为何目前发现的元青花瓷器多为大型器物的原因。青花鬼谷子下山图罐的创制，与元代瓷器技艺的发展密切相关。

元青花瓷器

元朝廷对制瓷业颇为重视，在统一中原之前，便在景德镇设立了浮梁瓷局，为景德镇成为全国制瓷业中心打下了坚实基础。完成统一后，元政府又推出一系列政策，进一步推动了制瓷工艺的进步。

在之后的数十年间，制瓷业逐渐复苏，并得到进一步发展。元代制瓷业最大的成就，当属釉下彩绘瓷器和单色釉瓷器的发展。在继续烧制青白瓷的同时，景德镇窑优秀的瓷艺匠人们创烧了釉里红瓷和卵白釉瓷，并完善了青花瓷的烧制工艺。

元代青花瓷烧制工艺的成熟，为后世青花瓷的繁盛奠定了基础，元青花鬼谷子下山图罐便是元代青花瓷的杰出代表。

相较于宋代瓷器，元代青花瓷普遍体积较大，胎体较厚重，纹饰多而不乱，层次分明。在青花鬼谷子下山图罐上，我们便可以看到各种纹饰相互搭配、不同层次各展其美的独特艺术效果。

之所以能够创制出质量如此高的瓷器，主要得益于元代瓷艺匠人对瓷器烧制方法的创新。在调配胎土时，元代瓷艺匠人发明了"二元配方法"，即在瓷石中掺入一定比例的高岭土。高岭土的主要成分是二氧化硅、三氧化二铝和水，它的加入可以提高胎土中铝元素的含量，使得瓷胎可以耐受 1280℃ ~ 1300℃ 的高温。这种方法有效提高了烧制大型瓷器的成功率，且釉层变得更厚，光泽度更好，釉面的显色效果也更加理想。

虽然由此创制，但元青花瓷器传世至今的并不多，绘有人物故事题材的元青花瓷器更是少之又少。像青花鬼谷子下山图罐这样的绘有人物故事的元青花瓷器，如今都已经成为稀世罕见的珍品，被不同的收藏者所珍藏。

法门寺秘色瓷——千峰翠色在人间

　　法门寺秘色瓷，指的是在法门寺地宫内发掘而出的秘色瓷器，共有14件，属国内首次发现，因其特殊的历史地位与艺术价值，成为我国难得一见的国宝。目前有10件藏于法门寺博物馆，剩余4件收藏于中国国家博物馆和陕西历史博物馆。

文物溯源

　　考古学家们在研究瓷器历史的时候，总会在文献中发现一种特殊瓷器。这种瓷器是五代十国时期越窑所产的瓷器精品，专为进贡朝廷所用，除却皇族外，即便是大臣也不得使用，更不要说百姓。因其流传范围较小，且制作工艺秘而不宣，所以得名"秘色瓷"。

　　不管是当时的百姓，还是如今的考古学家，都只能从描写它的诗文中去领略秘色瓷神秘而又非同一般的风姿。唐代诗人陆龟蒙见识过秘色瓷后，有所感叹，吟咏道："九秋风露越窑开，夺得千峰翠色来。"五代诗人徐夤同样痴迷于秘色瓷的釉色，赞叹曰："捩翠融青瑞色新，陶成先得贡吾君。巧剜明月染春水，轻旋薄冰盛绿云。"前人记载很多，但后世始终没有发现过这种神秘的秘色瓷，以至于考古学家们迫切想要去探究这神秘的"秘色瓷"究竟是否存在。

　　1987年初春，一场大雨过后，修缮法门寺宝塔的工人们意外发现一处洞口，沉寂于地底千年的法门寺地宫就这样被发现了。

　　考古学家们从中发掘出一批稀世珍宝，其中有佛教至宝佛骨舍利，以及唐朝政府供奉佛门的大量金银器、瓷器以及丝织品。与此同时，法门寺地宫中还极为罕见地出土了记录了所有器物的物帐碑（类似于仓库的物品清单），也正

葵口浅凹底秘色瓷盘

此盘是法门寺中所使用的器物，因此造型和盘外壁上的纹饰都有明显的佛教色彩。

秘色瓷碗

此碗色泽温润，做工细腻。

青釉八棱净瓶

此瓶在装饰上颇具匠心，瓶类多为圆形，此瓶则呈八棱形，且颈、肩相接处有三条凸棱。

是因为物账碑的出土，才让考古学家清楚地知道了埋藏文物的具体名称。

当考古学家们看到物账上对瓷器的描述，清晰地写着"瓷秘色"三个字时，大为惊喜，他们知道，围绕在秘色瓷身上的诸多谜团马上就要被解开了。

越窑秘色瓷

须明确的一点是，秘色瓷作为越窑青瓷中最为精湛的极品瓷器，早在陕西唐朝墓葬以及杭州的吴越国钱氏墓群中便被发现，只不过当时的墓葬中并没有太多关于这种瓷器的记载，所以考古学家们也无法断定发掘出的这些瓷器是否就是传说中的秘色瓷。

法门寺秘色瓷共有14件，这些秘色瓷造型不同，有碗、盘、碟、瓶四种类型。它们的共同特点是造型精致大气，胎壁薄而均匀，釉色如初春的湖水般，淡黄中带着绿色，放入一块晶莹剔透的冰，又如同无瑕美玉，让人望而心醉。

从总体质量上来说，法门寺出土的秘色瓷并不如杭州吴越国钱氏墓群中出土的秘色瓷，那里出土的秘色瓷数量更多，种类更加丰富，釉色更为清幽，制作也更加精美。但法门寺地宫出土的秘色瓷中有一件极为特殊的盘子，以"金银平脱"工艺，贴着金银箔的装饰。这种特殊的盘子地位很高，毕竟在封建王朝时期，金和玉都是最为高级的材料，能够以金银做装饰，并将瓷器烧制成玉色，这件秘色瓷的地位不言而喻。

除此之外，另有一件八棱长颈瓶也颇为独特。它的放置位置与其他秘色瓷不同，位于地宫后室第四道门内侧的门槛上，瓶内装有佛教五彩宝珠29颗，最上面瓶口处放置有一颗硕大的水晶宝珠。

据考证，这件瓷器与当时佛教密宗的曼荼罗坛场有关，具有特殊用途。这件瓷器是所有法门寺秘色瓷中最完美的一件，是法门寺秘色瓷的典型代表之一，体现了唐朝瓷器烧制工艺的巅峰水平。

法门寺秘色瓷的烧制，与当时已经完全成熟且正在不断发展的越窑瓷器制作工艺有关。唐朝中期，越窑烧造的瓷器因为质地出众，颇为统治者所喜，因此被下诏录为贡瓷。越窑因此名声大涨，也越发受到当时文人雅士的吹捧。

秘色之"秘"

秘色瓷的神秘之处主要在于其超高的烧制难度,除了特殊的釉料配方之外,还需要制瓷工匠对窑炉火候有很好的掌控,不同的天气、温度、湿度、火候,最终烧制出来的成品颜色差距很大。而想要让釉色固定,始终保持青翠匀净,则需要更为娴熟的烧制技艺。

这种经年累月磨炼出来的烧制技艺向来都是不外传的,即使后世工匠们知道了这种烧制技艺,在实际操作中也可能会因为技艺不够娴熟,而导致无法烧制出完美的秘色瓷。

法门寺秘色瓷的发现,对中国古代陶瓷史研究有着重要意义,考古学家能够依靠从中得到的信息,为秘色瓷的发展历程,以及时代特点,进行最为严谨的判断。

随着现代科技的进步,考古学家们使用精密仪器对秘色瓷进行有损与无损X光谱测试后发现,秘色瓷的烧制工艺以及胎釉的调配过程,与古代青瓷完全不同。也就是说,秘色瓷的烧制使用了一种全新工艺,是中国古代瓷器工匠们依靠自身智慧和高超手法的又一次创新之举。

时光荏苒,秘色瓷从此前的皇室专用,到如今已经能够出现在大众眼前,这是科技发展的必然,也是现代人的幸运。在千年之前,工匠们通过复杂的工艺,将秘色瓷制作完成,随后它们被士兵护送进皇城,成为统治者的专用之物。如今,封建时代的统治者已皆归尘土,秘色瓷却依然留存于世,正所谓"万千宫阙终归尘,千峰翠色在人间"。

成化斗彩鸡缸杯——成杯一双，价值十万

　　成化斗彩鸡缸杯是明朝成化皇帝的御用饮酒之物，以繁多的种类、精湛的画工、莹洁的质地，成为中国艺术史上极为珍贵的瑰宝。现一款收藏于北京故宫博物院，一款收藏于台北故宫博物院，还有一些为私人藏家所收藏。

文物溯源

　　有关成化斗彩鸡缸杯的创制源起，有史书记载，是源于成化皇帝观赏宋人所作《子母鸡图》后，感怀母鸡与小鸡的母子情深，而后才突发奇想将这幅图画烧制于瓷器之上。当然，也有人认为，之所以选择在瓷杯上绘制鸡的形象，主要是因为成化皇帝登基时恰好是鸡年，而"鸡"与"吉"又为谐音字，所以这之中也蕴含着一种美好的愿望。

　　由于斗彩鸡缸杯的烧制难度较高，所以良品率较低，经常会有残次品出现，真正精良的作品数量较少，而且都进贡给皇室专用，民间较少有关于这种瓷杯的记载。明代官修史书《明神宗实录》中记载："神宗时尚食，御前有成化彩鸡缸杯一双，值钱十万。"成杯一双，价值十万，看来这斗彩鸡缸杯在当时就已经是天价珍品，经过漫长时光之后，能够流传下来的必然也是珍品中的珍品。

　　1999 年 4 月，香港苏富比中国文物艺术品拍卖会上，出现了一件保存相当好的明成化斗彩鸡缸杯。经过多轮竞价之后，最终这款明成化斗彩鸡缸杯以 2917 万港币的天价成交，创造了当时世界拍卖历史上中国古代瓷器最高的成交价纪录。

　　2014 年 4 月 8 日，香港苏富比拍卖行举行了中国瓷器及工艺品春季拍卖会，一件明成化斗彩鸡缸杯再度成为全场焦点。该鸡缸杯流传经历较为复杂，目前

明　成化斗彩鸡缸杯

此鸡缸杯以新颖的造型、清新可人的装饰、精致的工艺而备受赞赏，堪称明成化斗彩器之典型。

已知最早为 20 世纪 50 年代的伦敦收藏家所持有，后来被玫茵堂所收藏。该鸡缸杯最初起拍价为 1.6 亿港币，在经过多次竞价之后，最终被上海收藏家刘益谦以 2.8124 亿港元的天价拍得。

帝王酒具鸡缸杯

成化斗彩鸡缸杯烧制于明成化年间，因杯壁上有公鸡、母鸡形象，遂被称为鸡缸杯。成杯为敞口、浅腹、卧足造型，杯身有斗彩绘制的小鸡啄食图画，杯子周边绘有兰花、牡丹等植物，杯底则有青花双方框，内书"大明成化年制"六字双行楷书款。

成化斗彩鸡缸杯上的图画可分为两部分，第一部分是一只公鸡在巡视四方，身后的母鸡带领小鸡在地上啄食、玩耍；第二部分是一只公鸡在仰头看天，身后的母鸡则正带领三只小鸡在追逐蜈蚣。作为明朝皇室御用之物，成化斗彩鸡缸杯深受帝王喜爱，明朝万历皇帝认为此物小巧精致，实为巧夺天工的艺术品。到了清朝，康熙、乾隆等帝王的桌案上也曾出现过斗彩鸡缸杯。不过，这些后世帝王所用斗彩鸡缸杯，很多都不是成化年间所制，而是成化款的仿作。

明朝嘉靖、万历时期所仿制的斗彩鸡缸杯，绘画用笔粗重，层次排列稀疏，虽绘图笔法与成化款相似，但笔力不同，色彩浓艳也不同，只有云朦、气泡效果与成化款相似。

相比之下，清代的仿制品在品质方面要高出许多，在图画颜色及款识写法上，几乎与成化款真品一模一样。不过，在云朦和气泡效果上，却与成化款颇为不同。清代仿款的云朦很淡，气泡分布也不均匀，可能是因烧制工艺不同，胎色也不如真品，呈现出微透黄或白色闪青色彩。

可以看出，后世仿品很难完美呈现出成化斗彩鸡缸杯的独有特质，这也是为什么那些流传至今的真品能够拍出天价的原因所在。

争奇斗艳之彩

成化斗彩鸡缸杯的烧制成功，与成化年间成熟的瓷器制作工艺是分不开的，尤其是斗彩工艺的突破。

斗彩是釉上彩和釉下青花结合而成的一种装饰技法，因釉上、釉下色彩争奇斗艳、相得益彰而得名。也有人认为斗彩中釉上、釉下色彩似在相互逗趣，所以斗彩又有"逗彩"之称。

在工艺上，斗彩与青花五彩很像，但最终呈现出的效果却与青花五彩极为不同。斗彩中的釉下青花用于勾勒轮廓，在画面中占据主要地位，釉上、釉下色彩交相辉映，平分秋色；青花五彩中的釉下青花只是作为一种组合颜色，与其他釉上彩料共同组成完整的纹饰，在画面中占据的地位远不如斗彩。

明宣德年间，景德镇窑首次创烧出斗彩瓷器。但此时的斗彩瓷烧制技术还不成熟，烧制成功且流传下来的瓷器数量还比较少，也没有形成太过明显的风格特色。

明　成化斗彩花鸟高足杯

此种式样的高足杯为明代成化官窑首创。

到了成化年间，斗彩瓷的烧制技术发展成熟。这一时期的斗彩瓷多为小型器物，以杯、碗、瓶、盖罐为主，造型匀称秀丽，胎体细腻轻薄；器表纹饰以花鸟、禽兽、人物为主，色彩鲜艳而丰富。

成化年间的斗彩瓷代表了明代斗彩瓷的最高水平，鸡缸杯只是当时诸多名贵斗彩瓷中的一种，高士杯、婴戏杯、三秋杯、葡萄杯等斗彩瓷在当时也都极为名贵。

瓷器烧制工艺的发展，代表了古代匠人不断探索、不断创新的艺术追求。古代西方人很难想象，用泥土和石头便能够烧制出如此精美的瓷器。中华匠人们从对泥土的把玩与研究开始，认识到了人类创造万物的非凡能力，从生活实际出发，依靠精神智慧与审美想象，创造出了诸多精美的瓷器，为中华传统文化留下了浓墨重彩的一笔。

明　成化斗彩葡萄高足杯

此杯外壁以斗彩折枝葡萄纹装饰，口部与高足大面积露白，使纹饰更加突出。

曜变天目茶碗——碗中藏宇宙

曜变天目茶碗是宋代黑釉建盏精品，是我国瓷器烧制工艺的巅峰代表作品，也是存世数量极少的珍贵瓷器文物。该瓷器创制之初，是宋代士大夫们斗茶所用茶具，后流传到日本，现收藏于日本东京静嘉堂文库中。

文物溯源

1582 年 6 月 21 日，织田信长手下大将明智光秀在本能寺起兵叛乱，并将君主织田信长杀害。在那个战马嘶鸣的凌晨，正在厮杀的士兵们没有注意到，一件并不起眼的瓷碗被打碎了。天亮清点战果时，人们才发现这只已经碎裂的深蓝色瓷碗。

曜变天目茶碗本是宋代建安水吉窑制作的黑釉建盏，为南宋瓷器制作巅峰时期的传世孤品。因为南宋与日本之间有贸易往来，宋代的瓷器又很受其他国家百姓的喜爱，所以曜变天目茶碗很可能是通过海外贸易流传到了日本。

日本统治者非常喜欢这件南宋瓷器，认为其中神奇的曜变图案如同星空一般，神秘莫测，因此将其小心珍藏。据说，流传到日本的曜变天目茶碗一共有两只，第一只是织田信长的心爱之物，在本能寺之变中被损坏；第二只由德川家康所持有，一直被其视为家族秘宝，从不轻易示人，后来被三代将军德川家光赐给了自己的乳母春日局。

明治年间，曜变天目茶碗经过多番流转，在 1918 年被三菱集团总裁岩崎小弥太以 16.7 万日元的价格拍下。但他非常有自知之明，认为此碗为天下瓷器巅峰，自己不配使用它，只将它用作观赏。1940 年，岩崎家族修建静嘉堂文库美术馆，曜变天目茶碗成为馆内头号镇馆之宝。

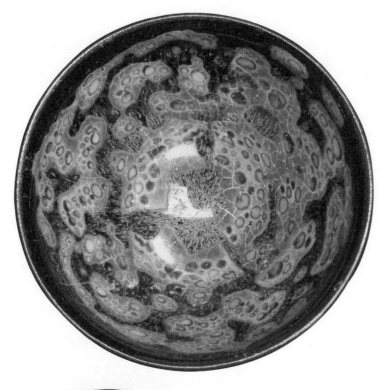

曜变天目茶碗

曜变天目茶碗是宋代黑釉的建盏，日本
人形容这只碗为"碗中宇宙"，里面仿
深夜海边看到的星空，高深莫测。

相比于在日本的流传，曜变天目茶碗在中国的典籍文献中却少有出现。南宋灭亡后，曜变天目茶碗的制作工艺随之失传，因为多年的战乱，加上存世量太少的原因，我国至今还没有发现一只完整的曜变天目茶碗。

2009 年，杭州上城区原东南化工厂遗址上正在施工，工人忽然从地下挖出了两片奇怪的瓷器残片，残片本身散发着一股

宋　建窑黑釉兔毫盏

碗口釉呈酱色，口下渐为褐黑相间，近里心为纯黑色。釉中有丝状黑褐色兔毛般结晶，俗称"兔毫斑"。

耀眼的蓝色光芒，即便对文物没有研究，工人们也看得出，这绝对是珍贵的宝贝。

机缘巧合之下，古越会馆的创始人方肖明得到了这两片残片，顿时被其精湛的制作工艺所震惊，他意识到，自己可能会弥补中国瓷器历史上的一个重大遗憾。经过几个月的寻访，方肖明又从工人们手中得到了二十几块残片。最终，经过精细的组装，一只曜变天目茶碗出现在世人面前，一时间，整个中国考古界都为之震惊。

不过略为可惜的是，这只拼凑出的茶碗并不完整，有四分之一左右的残缺，但因为碗底圈足的存在，所以我们也能大致看出这只茶碗的原始形态。

碗中藏宇宙

曜变天目茶碗的底色为深蓝色，其中遍布褐色圆点，外圈则有淡淡的银蓝色光晕，如同日食、月食发生时可见的曜环。因为碗中斑点如同星空，所以这件器物又有"碗中宇宙"的美称。

所谓"天目"，指的是宋代传入日本的黑釉瓷器，而"曜变"则是指黑瓷在光照之下可以焕发出绿、蓝、黄等诸多颜色的彩光，华美至极。将曜变天目茶碗放置于黑暗房间中，施以自然光照，碗内的耀斑便会闪烁出各色光芒，此时移动茶碗，耀斑的颜色也会随之改变。

如此美轮美奂的瓷器，想要烧制出来自然也要费一番功夫。宋代的天目瓷器，以曜变、油滴、兔毫最为名贵，曜变最为出彩，也最难烧制。有学者认为，曜变现象的发生，主要是由硅的偏析所致，而釉色曜变则主要是由薄膜干涉所引起的，会对整个过程产生影响的因素主要有釉的成分、烧成温度、保温时间、釉层厚度等。

如果这种分析准确的话，那就是说想要烧制好一件完整的曜变瓷器，匠人须在烧制过程中控制好釉料多少、温度高低、烧制时间等因素。窑内温度高了一度或低了一度，冷却时间长了几秒或短了几秒，都可能导致曜变天目瓷器烧制失败。由此，也可看出曜变天目茶碗的珍稀性以及我国古代瓷器工匠的高超技艺。

宋代斗茶文化

曜变天目茶碗的烧制，与当时南宋文人喜爱斗茶这一活动是分不开的。茶作为中华历史文化的重要组成部分，在我国已传承数千年，即便是在今天，也有许多人痴迷于各种茶叶所带来的不同味道与感受。

南宋士大夫对饮茶很有研究，对斗茶活动更是喜爱有加。宋代著名女词人李清照闲来无事时就喜欢与自己的丈夫赵明诚猜谜、斗茶，为生活增添情趣。

斗茶，又称"斗茗"，是一种比赛茶品优劣的游戏，起于唐，盛于宋，是有钱有闲的士大夫们的一种雅趣。在斗茶活动中，比试双方会拿出自己珍藏的好茶，轮流烹煮，相互品尝，各自评分，以三局两胜决出胜利者。

天目盏是很适合用来斗茶的茶盏，宋人祝穆在《方舆胜览》中提道："茶色白，入黑盏，其痕易验。"北宋书法家、茶学家蔡襄在《茶录》中也记载道："茶色白，宜黑盏，建安所造者绀黑，纹如兔毫，其坯微厚，最为要用。出他处者，或薄或色紫，皆不及也。其青白盏，斗试家自不用。"

曜变天目茶碗，望之如望星空，在凛冽的寒冬深夜，一人泛舟海上，抬头望，满天繁星，古人将目光从大地望向天空，望向神秘的宇宙。这曜变天目茶碗最初来自泥土，但最终成就了星河万里。

青花龙凤鹤纹罐——明嘉靖官窑精品

青花龙凤鹤纹罐造型端庄，纹饰华美，是明嘉靖时期的官窑瓷器精品，为明代青花断代研究提供了重要参考。该文物于1958年在江西省南城县益庄王墓出土，现收藏于江西省博物馆。

文物溯源

在江西省南城县，当地百姓能够看到一块石头做的禁牌，上书"益王墓葬地方，百姓不准在此葬坟放牧狩猎"，这里便是益王家族墓群。这是明代成化皇帝朱见深之子益端王朱祐槟族系墓葬区，其中安葬着益端王朱祐槟、益庄王朱厚烨、益恭王朱厚炫、益先王朱慈炲及其后世子孙。

这一墓群的规模极大，每处墓室上皆盖有数吨重的石板，以石灰糯米汁浇筑牢固。墓前有神道及石人石马，墓群四周还有护墓围墙，可以保证墓主人不会受到外界的打扰。

1958年，考古人员对益庄王墓进行了抢救性发掘，在其中发现了大量珍贵的金饰、玉器。在此之外，考古人员还发现了一只工艺精湛、保存完好的瓷罐，此即为明嘉靖青花龙凤鹤纹罐。

嘉靖青花瓷

青花龙凤鹤纹罐高22厘米，口径11.4厘米，足径10.3厘米，口大，颈短内收，肩弧形，腹深圆，底平而内凹。其腹部绘有龙、凤、鸾、鹤所组成的吉祥图案，腹部四角有缠枝灵芝纹饰，肩部有变体覆莲，颈部为重瓣仰莲纹饰，器底有青

明　嘉靖　青花龙凤鹤纹罐

此罐造型端庄，釉色艳丽，纹饰精美，是明代嘉靖时期官窑的佳品，有很高的价值。

花所书"大明嘉靖年制"六字楷书款识。

该瓷罐图案细腻清晰，以吉祥纹饰为主。"回青"料的使用使得青花釉色更为浓艳，呈现出一种纯蓝泛紫的色彩，是嘉靖官窑瓷器的经典用料。

关于"回青"料，史书记载其来源于西域及新疆地区，最早出现于我国元代时期。不过，在明代嘉靖时期以前，这种"回青"料通常是对青料的泛称，在嘉靖时期时才出现将"回青"料与国产石子青配比使用的情况。

在将"回青"料与石子青料混合时，想要获得浓翠的效果，必须注意二者的比例搭配。如果配比时"回青"料用得过多，最后的青花会呈现出较浓的红紫色；石子青料用得过多，最后的青花就会呈现出灰蓝色。

明　嘉靖　青花锥把瓶

该器物釉面滋润光亮，透明釉青色。

明　嘉靖　青花婴戏图碗

以儿童游戏为装饰题材称为婴戏图，是明代瓷器装饰的典型纹样之一。

179

嘉靖时期的青花瓷器，在颜色上大致可以分为三类，第一类是嘉靖前期呈黑蓝色的青花，色泽较为灰暗，且有晕散现象，还未摆脱正德晚期青花特征；第二类是发色较浅且异常鲜亮的青花，颇有成化青花特色，极富神韵；第三类是发色浓翠、蓝中泛紫、浓烈艳丽的青花，这是较为上等的青花颜色，也是嘉靖青花的独特之处。

嘉靖青花瓷器主要以回青为主，辅以石子青混合搭配，最终形成嘉靖时期瓷器特有的风格——青花幽菁。这种釉料的主要特征表现为色彩浓烈，而且极为罕见的是在浓色中看不到瓷器烧制易出现的铁锈斑。因为釉色鲜亮，青花色稍显晕散，所以这种釉色也被称为"亮青釉"。

纹饰与题记

纹饰是瓷器上各种装饰纹样的总称，主要作用是增加瓷器的观赏价值，表达人们的美好愿望和品性志趣。由于不同时代、不同地域的人们在审美意趣、风俗习惯、技术条件等方面都存在差异，所以瓷器的纹饰也会有所不同。

在青花龙凤鹤纹罐上所出现的主要是动物纹和植物纹，其中动物纹位于画面主体部分，而植物纹则作为点缀，出现于动物纹四周。

动物纹是瓷器上描摹现实或传说中动物形象的一类纹饰，既有具象写实的，也有抽象写意的。古代瓷器上的动物纹饰种类繁多，千姿百态，大多蕴含着美好的寓意。青花龙凤鹤纹罐上出现的龙、凤、鸾、鹤图案，就是我国古代瓷器上常见的动物纹饰。

龙纹的主要内容是中国古代神话传说中神通广大的龙。龙的形象是多种动物的结合体，有"角似鹿、头似驼、眼似兔、项似蛇、腹似蜃、鳞似鱼、爪似鹰、掌似虎、耳似牛"的说法，表现在纹样上则有立龙纹、行龙纹、卷龙纹、蟠龙纹、绞龙纹、云龙纹、海水龙纹、穿花龙纹、戏珠龙纹等多种形式。这种纹样的主要寓意是吉祥富贵，同时也是皇权至高无上的象征，普通人是不可以随意使用龙纹的。

鸟纹主要是凤、鹤、大雁、鸳鸯等鸟类形象。凤是百鸟之王，寓意富贵吉祥，常与龙结合组成龙凤呈祥纹。鹤在古代被认为是一种仙禽，常伴仙人左右，寓意长寿。

植物纹是瓷器上描摹各种植物形象的一类纹饰，既有较完整的植株，也有局部的花、叶、荚、果实等。与动物纹一样，植物纹也普遍有着各种美好的寓意。青花龙凤鹤纹罐上出现的植物纹主要是莲花纹、莲瓣纹，这也是我国古代瓷器上极为常见的植物纹饰之一。

莲花纹的主要内容是较完整的莲花植株，有仰覆莲、串枝莲、缠枝莲、折枝莲、一把莲、二把莲、三把莲等多种形式。莲花是佛教的圣花，同时也是高洁君子的象征。受佛教和文人书画的影响，这种纹样在中国古代流行了很长时间。

莲瓣纹描摹的主要内容是莲花的花瓣，同样有多种不同的形式。根据莲瓣的层次，可将莲瓣纹分为单层莲瓣、双重莲瓣及多重莲瓣。根据莲瓣的形态，又可分为仰莲瓣、覆莲瓣、尖头莲瓣、圆头莲瓣、变形莲瓣、单勾线莲瓣、双勾线莲瓣等。青花龙凤鹤纹罐的肩部纹饰便是覆莲瓣。

在青花龙凤鹤纹罐的底部中心位置，有用青花所写的"大明嘉靖年制"六字题记，这是大明官窑常用的纪念款题记。其他常见的纪念款题记还有明代永乐年间的"永乐年制""永乐四年吉日造"，宣德年间的"宣德年制""大明宣德年制"，嘉靖年间的"嘉靖年制""大明嘉靖年造""辛丑上用""甲辰年造""嘉靖丙申年平遥府"等。后世官窑也多沿用这几种题记形式。

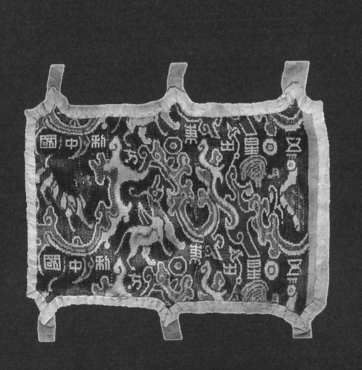

第七章

珍贵精美的绢帛、纸张

马王堆帛书——马王堆中的"百科全书"

马王堆帛书是马王堆汉墓三号墓中出土的帛书，现收藏于湖南省博物馆。帛书即写在丝织物帛上的文书，由于丝织物不容易保存，所以较少能流传于后世。马王堆帛书被放置于木质漆匣中，出土时虽多有破损，但依然保留下了许多战国至西汉初期政治、军事、文化等方面的珍贵内容，对我国历史文献研究意义重大。

文物溯源

马王堆汉墓位于湖南省长沙市芙蓉区东郊 4 千米处的浏阳河旁，是第七批全国重点文物保护单位、全国百年百大考古发现、世界十大古墓稀世珍宝之一，是西汉初期长沙国丞相、轪侯利苍的家族墓葬。

1972 年至 1974 年，考古队先后三次对其进行深度发掘，其中三座大墓结构复杂，造型宏伟壮观。这三座墓都是长方形竖墓，很符合西汉时期贵族墓室的特点，墓道口皆在大墓北侧；上层夯土紧实牢固，守护墓主人 2000 年之久；底部棺椁周围用木炭和白膏泥填充，有不错的防腐作用。其中，二号墓为墓主人长沙国丞相、轪侯利苍之墓，一号墓为其妻之墓，三号墓为其子之墓。

在马王堆汉墓之中，考古人员不仅发掘出一具完整的女尸，还发现了漆器、帛画、丝织物、中草药等 3000 多件文物。国家一级文物素纱襌衣便出土于马王堆一号汉墓之中，这件薄如蝉翼的衣物，反映出当时高超的缫丝、织造工艺，在中国丝织史、服饰史上占据着重要地位。

马王堆帛书虽不像素纱襌衣那般精致美观，却也是极为珍贵的历史文物。在被发现时，这些帛书已经多有残损，考古专家立刻决定将其运往北京故宫博

马王堆帛书

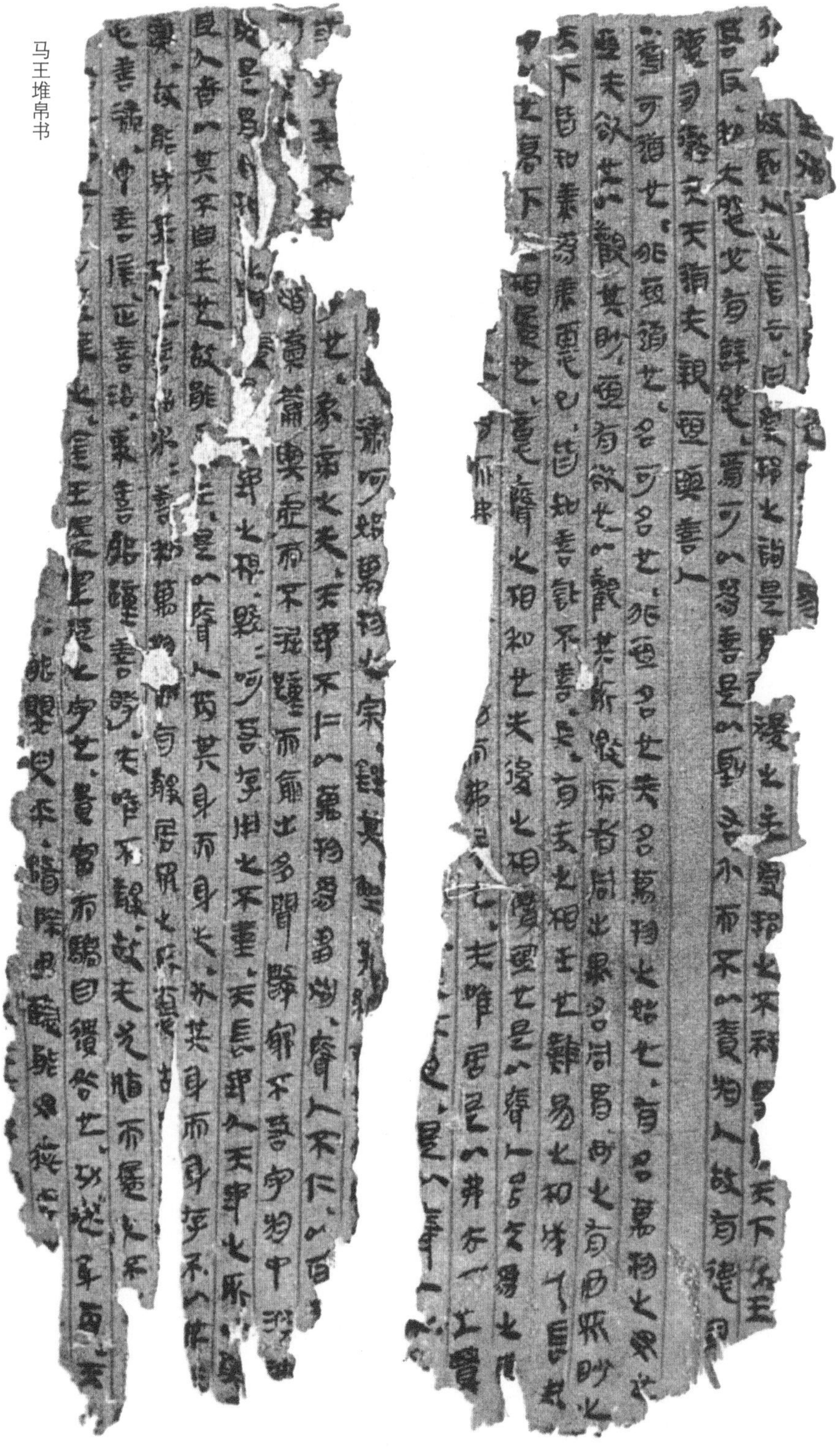

马王堆帛画

马王堆帛画的出土，填补了汉代早期织物绘画实例的空白，楚国的艺术内涵、风格和形象模式是此时期绘画的特点。

186

物院进行修复。当天，负责装裱修复工作的一批老专家便开始紧锣密鼓地工作，揭开、清理、修整，然后将它们装裱起来，小心翼翼地重复相同的工作。日复一日，年复一年，专家们丝毫没有感到劳累，内心中只有兴奋。这些帛书上每个工整精美的文字，都为探究战国至西汉早期的历史提供了校勘依据，具有极强的文物价值和文化寓意。

内容丰富的百科全书

马王堆帛书写在丝帛上，存放于涂漆木匣之中，虽有膏泥密封，但经过千年，也多有残损，好在其上还有很多文字依然清晰可见。此套帛书有写在整幅帛上的，也有写在半幅帛上的，其中整幅帛上每行有 70 ~ 80 字不等，半幅帛上每行有 20 ~ 40 字不等。

帛书上的字体主要是隶书和篆书，这也是当时较为流行的两种书写字体。篆书成型较早，故而抄写汉高祖十一年（前 196 年）前的文献；隶书则抄写汉文帝初年的文献，这时的隶书还没有完全成熟，但已颇具成熟色彩。

马王堆帛书用朱砂行格，墨汁书写，全文计 12 万余字，共可分为 28 种。按照《汉书·艺文志》分类，属于"六艺类"的有《丧服图》《周易》《春秋事语》《战国纵横家书》；属于"兵书类"的有《德刑》（分甲、乙、丙三种）；属于"数术类"的有《篆书阴阳五行》《隶书阴阳五行》《五星占》《相马经》和《园寝图》等；属于"方术类"的有《五十二病方》《胎产图》《养生图》等。除此之外，还有三幅古时地图，即《城邑图》《长沙国南部地形图》《驻军图》。

其中，《五十二病方》是战国时期的医学著作，全书可辨文字约有 1 万字，分 52 题介绍了 100 多种疾病及具体的治疗方法。针对一些特别的病症，书中还介绍了两种或多种治疗方法，由此可见，当时的医者对于疾病的研究已经非常深入。

对于一些外科方面的内容，《五十二病方》中所记颇多，针对外伤的治疗方法，该书中也提到了如敷贴法、熨法、砭法、灸法、药浴法等传统中医疗法。除此之外，该书中还记载了 247 种药材，其中很多是东汉时期成书的《神农本草经》中所没有的。

《五十二病方》的发现，为研究我国古代中医发展、对我国现代中医追根溯源，具有至关重要的作用。马王堆帛书就如同深埋于地下的百科全书，为后世留下十余万字的文化典籍，值得华夏儿女永远铭记。

文化传承的载体

西汉初期，纸张还并未成为书写工具，竹简也未退出书法舞台。在马王堆汉墓中，除了这些帛书之外，还出土了一些竹简，其上也记载了许多重要的文字内容，为中华文化传承做出了重要贡献。

将文字写于帛书上，在我国古代并不鲜见，丝帛织物既可以是古人身上的华美服装，也可以是古代文化传承的重要载体。

由于马王堆帛书的成书时间特殊，在《史记》之前、秦始皇"焚书坑儒"之后，故而每一片丝帛甚至每个字都尤为珍贵，对还原历史本来面貌及验证历史事实有着至关重要的作用。帛书中所记战国时期的内容，有约一半以上都不见于《战国策》之中，经过专家学者整理，这些内容已集成《战国纵横家书》，成为我们研究战国中期历史的重要依据，更可与《战国策》相互比对阅读。

古代不比现代，那时没有发达的网络，无法保存影像记录，所以了解历史只能从文字和文物着手。文字所记录的历史当然更加直观，不需要专家学者夜以继日地揣摩猜测，但历史是由人所书写记录的，很容易掺杂个人情感，即使是被列为正史的"二十四史"中，也有很多这样的情况。不过，我们找到的文字越多，用于佐证的资料也就越多，自然也就更容易还原真实的历史。所以马王堆帛书的发现，对我们揭开华夏历史的真实面纱、捋顺华夏文明的源流演变，具有重要意义。

人物御龙图——引魂升天的铭旌

《人物御龙图》是战国中晚期的绢本水墨设色画作，1973 年出土于长沙子弹库楚墓一号墓穴，现收藏于湖南省博物馆。2002 年，该文物被国家文物局列入《首批禁止出国（境）展览文物目录》。

文物溯源

1973 年 5 月，湖南长沙子弹库，一名盗墓贼带领考古专家穿梭于长沙西郊，他们正在找寻一座消失了 30 多年的楚国古墓。

时间拨回 30 年前，几名盗墓贼趁着夜色掘开一座楚国大墓，将墓内文物洗劫一空。这些被劫文物后被转卖于古董商，很多都流失海外，其中有一卷战国帛书被盗墓贼当作破布，赠送给古董商，几经辗转后，被一名美国人收购，现藏于美国大都会博物馆，这也成为许多专家学者心中永远的痛。

30 年后，曾经的荒山野地已经遍布建筑物，不过幸运的是，考古专家们要探索的子弹库楚墓一号墓穴之上并没有建筑物，这也给后续发掘减少了不少麻烦。墓葬位于高处，夯土坚如磐石，考古队费了好大力气，才将其收拾干净。墓室被打开后，首先映入眼帘的是青灰色膏泥，这种物质学名为"微晶高岭土"，具有极强的防水性，而且能隔绝墓室与外界的空气流通。如果没有这种物质，墓室中的陪葬品很可能都已被腐蚀损害。

随着时间的推移，随葬品被一一整理出来，有衣物、食物、木质用具等。在这些常见的文物之外，考古人员在墓室主人的棺椁盖板和棺材之间，发现了一幅保存十分完好的战国晚期帛画——《人物御龙图》。

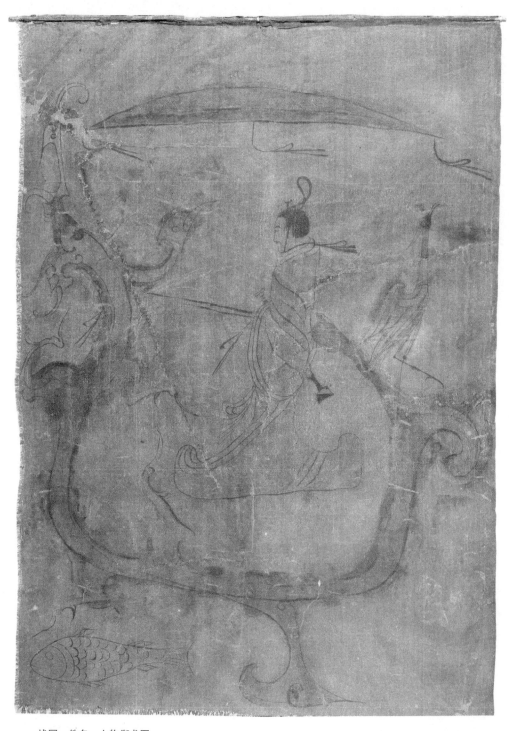

战国　佚名　人物御龙图

此图描绘墓主人乘龙升天的情景。此幅非衣帛画上端有竹轴，轴上有丝绳，为一幅可以垂直悬挂的幡，应是战国时期楚国墓葬中用于引魂升天的铭旌，属于非衣性质的战国晚期帛画。

战国　佚名　人物龙凤图

图中描绘一妇女侧立向左，头后挽有一垂髻，并系有饰物。其长裙曳地，腰细而修长，两手合十，神态虔敬。

飘逸灵动的线条之美

在引魂升天的美好愿景之外，《人物御龙图》中还展现出了古代中国画中的运笔用线技巧。与同时期稍早一些的《人物龙凤图》一样，《人物御龙图》以线条名世，相比于《人物龙凤图》那古朴拙稚的线条，《人物御龙图》要成熟许多。

仔细看《人物御龙图》的局部细节便可发现，在粗细平直不同的线条作用下，画中的物件展现出了不同的质感。那挺直平整的华盖上，连接着随风飘摇的柔软丝绦；那宽大飘逸的长袍之下，显露出锋利坚硬的宝剑……还有那憨态可掬的白鱼、直挺秀颀的仙鹤，以及如车驾一般的游龙，都是通过线条来呈现的。

唐代绘画理论家张彦远在《历代名画记》中提道："夫象物必在于形似，形似须全骨气。骨气、形似皆本于立意，而归乎用笔。"

所谓"用笔"，便是中国画中的运笔用线技巧。想让绘画中的形象更为准确生动，光用笔墨描摹出物象的轮廓还不够，还要通过运笔技巧、通过线条勾勒，来展现出物象的质感与神韵，这一点在《人物御龙图》中也有体现。那昂首向上的龙头、那笔直紧绷的缰绳，皆以线条勾勒出了灵动之感，画中的人物仿佛正在朝着天空御龙疾驰。

从《人物御龙图》中，我们可以看到战国时期的绘画技艺，那飘逸灵动的线条传承至秦汉，盛行于隋唐，与两宋之际大成，在明清之时发展，及至而今，依然在中华绘画艺术上占有重要地位。

在《人物御龙图》中，我们也可以看到古代荆楚地区的风俗习惯，那是在蒙昧时代古人对未知世界的探索、对灵魂不死的信奉、对美好生活的向往。存放于湖南省博物馆中的这幅古画，不仅是一个时代绘画技艺的展现，更是一片地区历史文化的传承。在欣赏这幅作品时，我们既要观其线条运笔之美，又要感其文化底蕴之深。

汉代织锦护臂——"五星出东方利中国"

"五星出东方利中国",为汉代织锦护臂名称,1995 年 10 月出土于新疆和田地区民丰县尼雅遗址一处古墓,国家一级文物,亦是中国首批禁止出国(境)展览文物,现藏于新疆维吾尔自治区博物馆。

文物溯源

1995 年 10 月,中日协作组成了"尼雅遗址学术考察队"。他们奔赴新疆和田地区,为的是发掘民丰县尼雅遗址的一处古墓地。

考古发掘是个漫长的过程,可是,此次发掘,人们工作了长达几个月的时间,却没有发现任何文物。就在失望的专家们准备去别处看看时,有一位专家意外发现了一座夫妻合葬墓。

由于新疆地区气候干燥,这座夫妻合葬墓内的人物衣物保存得相对完好。其中,一具尸体右臂上绑着的织锦色彩极为绚丽,在日光照耀下尤为显眼。这块织锦底色为青,点缀白、赤、黄、绿,而且图案为汉代典型的云气纹、鸟兽纹、辟邪纹和代表日月的红白圆形纹,尺寸虽不大,但其文字却另有乾坤。

专家仔细辨别后,竟然在织物护臂上看到了"五星出东方利中国"的字样,这八个大字顿时让专家眼前一亮!齐东方教授虽然常年与文物接触,但也忍不住惊呼,因为这八个字太过超前,丝毫不像古代织物。

现场众专家冷静下来后,随即开始怀疑此物真伪,这么超前的文字,难道是别有用心之人刻意留下,以此讥讽中国的吗?这并非无稽之谈,晚清屡弱,民国混乱,不少西方探险家借此机会对中华大地各处展开探寻,甚至盗掘古文物,保不齐就有人喜欢开这种黑色玩笑。

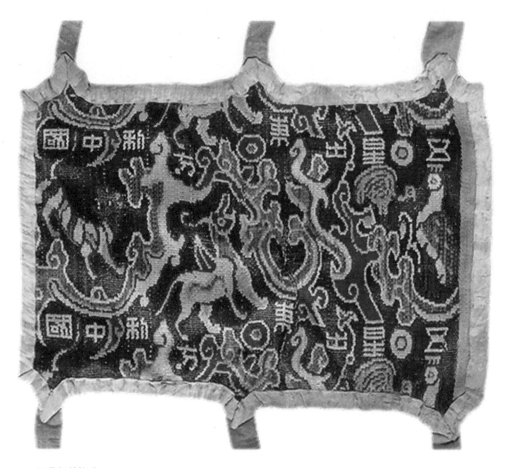

汉代织锦护臂

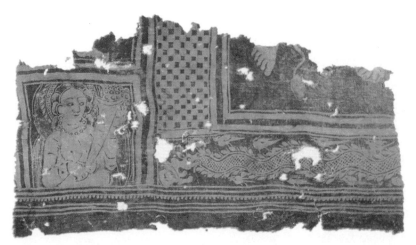

尼雅遗址出土的丝绸

比如西方探险家斯坦因，在英国和印度政府的支持下，数次来到中国"探险"，他发现了很多古遗迹，并盗走大量文物。而且，他还是第一个进入敦煌莫高窟的西方探险家，其对莫高窟造成的损失不可估量。尼雅遗址同样为此人发现，原为精绝古城，曾是汉朝西域三十六国之一。此人掠夺他国文物成性，品格极度低下，开出这等人神共愤的玩笑也有可能。

不过，在后续发掘过程中，专家们长舒一口气，这座夫妻合葬墓保存完好，没有任何被盗掘的痕迹，现场专家的眼睛这才变得明亮起来。五星出东方利中国，经专业技术鉴别，确定是汉代织锦护臂。

汉代织锦护臂

"五星出东方利中国"织锦护臂呈圆角长方形，长 18.5 厘米，宽 12.5 厘米，白绢镶边，两边各缝制三条长约 21 厘米、宽 1.5 厘米的白色绢带，用于绑在小臂上，遗憾的是，有三条绢带残断。

护臂共用五种颜色的丝线织成，皆用秦汉时期的植物染料法染制，经密为 2200 根 /10 厘米，纬密 240 根 /10 厘米，经向花纹循环 7.4 厘米。图案为云纹、凤凰、鸾鸟、麒麟、白虎等。

从右至左，起始为一对牝牡珍禽，雄鸟立于云门底部，高昂鸟首，欲将破云而出；雌鸟则站在云纹上注视雄鸟，恰似双鸾和鸣。其颈上方的白色圆形象征"太阴"，尾部有茱萸纹，而后是红色圆形，象征"太阳"，呈现阴阳和合之势。白虎竖条斑纹，双眸圆睁，王者威严尽显。让专家们震惊的"五星出东方利中国"八字，其书法形式为篆体，被编织得栩栩如生，如书法家运笔于纸上，这八个汉字也让整个织锦护臂的文化价值获得了升华。

"五星出东方利中国"的文化价值

"五星出东方利中国"汉代织锦护臂的文物价值不必多谈，哪怕没有这八个字，此物也是当之无愧的国宝，对整个中华民族都是无价的。这块织锦护臂不仅代表我国汉代时期丝锦的编织水平，也是强汉开通西域、开辟丝绸之路的历史见证。不过,这八个字背后的文化寓意,更是赋予了它无上的文化价值。

在此物出现之前,很多人都认为"中国"二字是近现代才出现的。事实上,"中国"二字早在3000年前便已有之,取万国中央之意。后来,这个词又被用来指代黄河中下游的京畿地区,也就是中原大地,是个地理概念。

"五星出东方"即"五星连珠",是指水星、金星、火星、木星、土星(古称岁星、荧惑星、镇星、太白星和辰星)依次排列,由高到低连成一条线。

很多人说五星连珠乃不祥之兆,实则为无稽之谈。最开始的说法为,天象现五星连珠,该年定位甲子年,舜帝继位,干支纪年法(中国纪年法,甲、乙、丙、丁、戊、己、庚、辛、壬、癸)开始,乃祥瑞之兆。人本天命乎,天地巨变,自然会潜移默化地影响人类生活。这很符合科学,如月球会引发地球的潮汐,太阳耀斑爆发会影响地球磁场。几千年前的先民就已对天文学有如此深刻的认知,足可见其大智慧。

红地云珠日天锦——异域风情锦幡残片

红地云珠日天锦为北朝时期平纹经锦，1983 年于青海省都兰县热水乡血渭吐蕃墓出土，现藏于青海省文物考古研究所。2002 年，此文物被国家文物局列入《首批禁止出国（境）展览文物目录》。

文物溯源

1982 ~ 1985 年，青海省文物考古研究所在海西州都兰县热水乡血谓草场发掘出了一处吐蕃墓群，经研究后发现，这处墓群的所属时代为唐朝。在发掘期间（具体为 1983 年），考古工作人员在大墓二号陪葬墓中意外发现大量丝绸文物，其中便包括红地云珠日天锦。青海省都兰县在历史上曾经是吐谷浑古王国的经济、政治与文化中心，也是我国古代丝绸之路的重要驿址。迄今为止，都兰地区已发现上千座古墓，这些古墓均存在了 1500 年以上，尤其是都兰县热水乡内发现的唐代吐蕃墓葬群，其包含了 200 余座吐蕃墓。

除了红地云珠日天锦外，考古学家们还在墓群中发掘出大量完好的丝织品，这些丝织品都具有极高的历史价值与文化价值。

作为现存出土的最早的锦幡残片，红地云珠日天锦具有极高的艺术价值和历史意义，其不同于其他平纹经锦的异域风格图案，使其成为青海省文物考古研究所的镇所之宝。

不完整的红地云珠日天锦

红地云珠日天锦并不完整，仅是锦幡残片，其长为 48 厘米，宽为 28 厘米，

红地云珠日天锦

红地云珠日天锦整体为红地，上有云珠串成圆圈，以兽纹或花纹图案环环相扣。

组织为 1∶1 平纹经锦。北朝时期的红地云珠日天锦为平纹经锦，传统平纹经锦的构成比较特殊，其采用完全相同的花色、底色织物组织，即双层结构的复式平纹，因此，平纹经锦须以织物纵向彩条经线的颜色来显现各类繁复的花纹。

红地云珠日天锦保存较好，无明显褪色变色情况，主要有红地、黄花两种色彩，图案以太阳神及狩猎纹为主，其间还织有"去""昌"等文字。该锦整体由三个圆圈相接而成，太阳神作为母题纹样，在整个锦正面处于居中位置，另外两个圆圈内的图案主要表现主题为狩猎、战斗场景。

主圈之中纹样清晰、整体完整无残缺，太阳神衣着华丽，手持定印，头戴菩萨冠，坐于马车上的莲花座，由六匹翼马拉车。六匹翼马分列于车体两侧，一组三匹相背而驰。车体呈现前窄后宽状，车上有栏杆起到遮挡作用。车轮极为清晰，可见其放射状构造。太阳神旁边侧立两个戴圆帽的人物，他们手持王杖，似乎是守护太阳神的卫士。太阳神后有靠背，头顶有一圈头光，为连珠状。靠背上方和头光旁还有两个半身人像，同为侧面向，带有中国式幞头，整体造型为官吏形象。另外，太阳神头顶上方还有一装饰有龙形饰物的华盖，马车两侧还有龙首幡迎风招展。

在织有狩猎纹样的圆圈中，纹样已经被分割成两部分，中部残缺。根据专家学者的复原效果图来看，圆圈内应当有四组从上至下排序的主要纹样，第一组为骑驼射虎图，骆驼主人头戴圆帽，身着短衫，下踩皮靴，主人作势拉弓射虎；第二组为骑马射鹿图，马首佩戴花形头饰，衣着装饰造型与第一组相差不大，只不过射的是鹿，鹿身有圆形斑点，该图样马身以下已不可见；第三组纹样上半部已不可见，仅能看清场景为人兽对立，人身着长袍，下摆至膝，立于兽前，野兽四肢粗壮，多为狮类动物；第四组为一对武士形象，两人持盾牌、匕首，相向而立，互相搏斗，武士身后均有一只额前附有灵芝纹样的鹦鹉回首而视。

太阳神圆圈上部的空间，有云气纹和九个圆点作为装饰，还有汉字"吉"和各种相向奔跑的野兽。太阳神圆圈下部的空间，同样装饰有汉字"吉"，还饰有一对带角野山羊。狩猎圆圈上部外（与太阳神圆圈下部相连），装饰有云气纹、对鹿、七个圈点。除此之外，还有汉字"昌"字作为装饰，狩战圆圈外靠该锦幅边处，还有云气纹、对狮纹和七个圆点作为装饰。

该锦名中的日天便是太阳神，也可称为日神、日天子。在佛教经典之中，日天即观世音菩萨之变化身，居所为日宫。

中西方文化交流的印证

红地云珠日天锦的存在，为青海丝绸之路的存在提供了直接证据，同时充分说明了该线路在当时对于经济、政治、文化交流的重要性，以及对于当下历史研究与分析的重要性。都兰作为丝绸之路的重要驿址，该锦生动地反映了此地的繁华兴盛，也为现在专家学者对东西方文化交流、边疆少数民族与中央王朝之间关系的研究与分析提供了重要资料。

丝绸之路的发展，使中西方文化艺术开始逐渐产生交流，并在此过程中进一步融合发展。作为对外贸易的重要商品之一，丝织品、茶叶和瓷器等被源源不断地销往海外，成为我国重要的海外贸易收入来源，而这些商品也受到各国人民的喜爱。

早在公元前2世纪，联系印度、东南亚地区的海上丝绸之路便已开通，中国丝绸进入该地，甚至与地中海的罗马商人产生交易。根据《博物志》记载可知，罗马人非常喜欢丝织品，每年消耗在中国丝织品上的货币大约为一亿罗马币。

南宋时期，受到战争的影响，朝廷与民间商人开始扩大海外贸易，借此得到更多的钱财来支撑国家，这在一定程度上促进了海上丝绸之路的发展。

明朝时期，除海外贸易，明成祖朱棣还主张"朝贡贸易"，鼓励海外国家积极来中国进行朝贡，并安排郑和下西洋，将中国引以为傲的丝织品带到世界各地。郑和先后7次、历时28年下西洋，将我国的物质文化与精神文化传播到海外，将海上丝绸之路推上了新的巅峰。

而现在，这些都已经成为历史，但考古学家先后在敦煌、新疆等地区发现了汉唐时期的丝织遗物，甚至在北欧维京时期的瑞典遗址中也发现了属于唐朝时期的丝织遗物。这些都能证明，在浩浩荡荡的历史长河之中，以红地云珠日天锦为代表的丝织品，曾经跨越半个地球，到达大洋彼岸，成为当地贵族的掌中宝物，亦成为中华民族的骄傲。

文佛经纸本——藏传佛教经典的西夏文译本

文佛经纸本，即西夏文佛经《吉祥遍至口和本续》纸本，是藏传佛教经典的西夏文译本，也是目前已知世界上最早的木活字版印本。1991年，该文物出土于宁夏回族自治区贺兰县拜寺沟方塔，现收藏于宁夏回族自治区文物考古研究所。

文物溯源

20世纪80年代中期，宁夏回族自治区开展了文物普查活动，对辖区内文物进行整理，但所获资料不多。让人惋惜的是，当时有位工作人员误将一座十三层的正方形密檐式实心砖塔当成明代建筑，而1990年11月，这座方塔又被人为毁损，内部文物多遭盗损。

1990年12月初，宁夏文物部门在了解了相关情况后，立即组织人员对该方塔进行了联合调查。文物部门认定，必须对这座方塔进行抢救性发掘，如若继续拖延，内部掩埋的各类文物很可能受到空气、水汽等多方面的侵蚀，继而发生质变。经过缜密规划后，文物部门将方塔的具体发掘时间定在1991年春。

1991年6月，宁夏考古研究所组织专业考古人员，用专业化、科学化的标准，对被毁方塔进行抢救性发掘，塔内的文物终于重见天日。这不仅是文物保护史上的一小步，更是我国考古实践史上的一大步。

根据该塔出土的墨书西夏文和汉文题记的纸本文物，以及在塔中心出土的六角木柱上用墨书写的西夏建方塔年代，考古人员确认了这座方塔的确切建造年代。

经过考古人员的发掘整理，方塔的遗迹之中，除出土青砖、木材等西夏时

《吉祥遍至口和本续》第 3 卷第 12 对开页　12 世纪唐古特译本的密宗对开页，使用木制活字印刷。

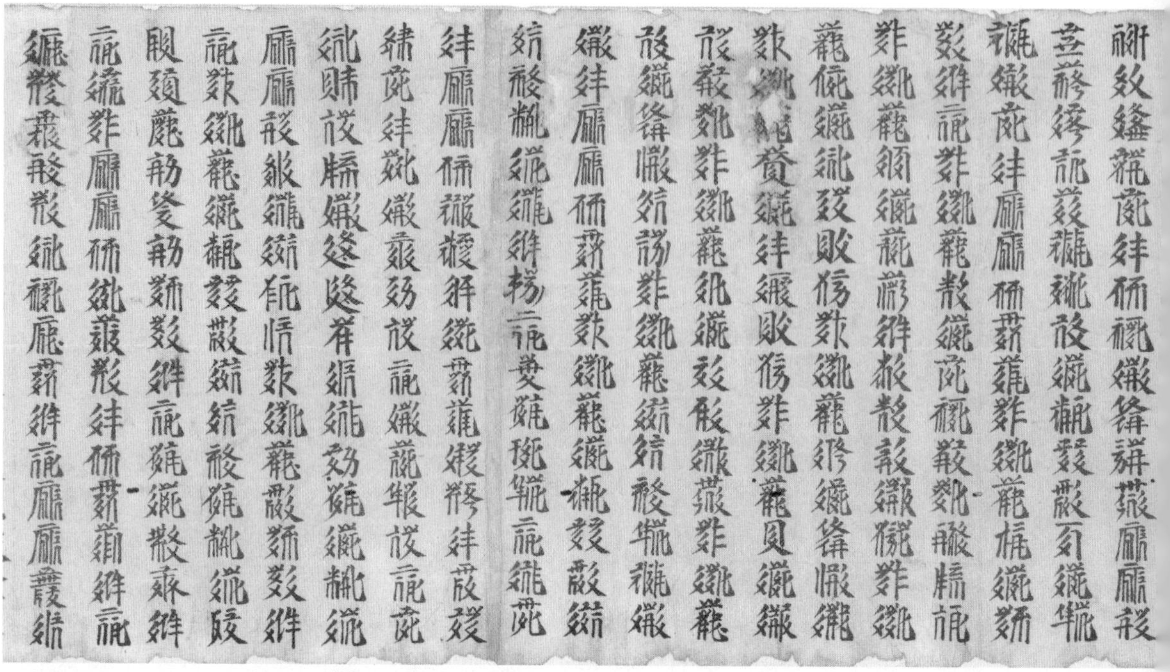

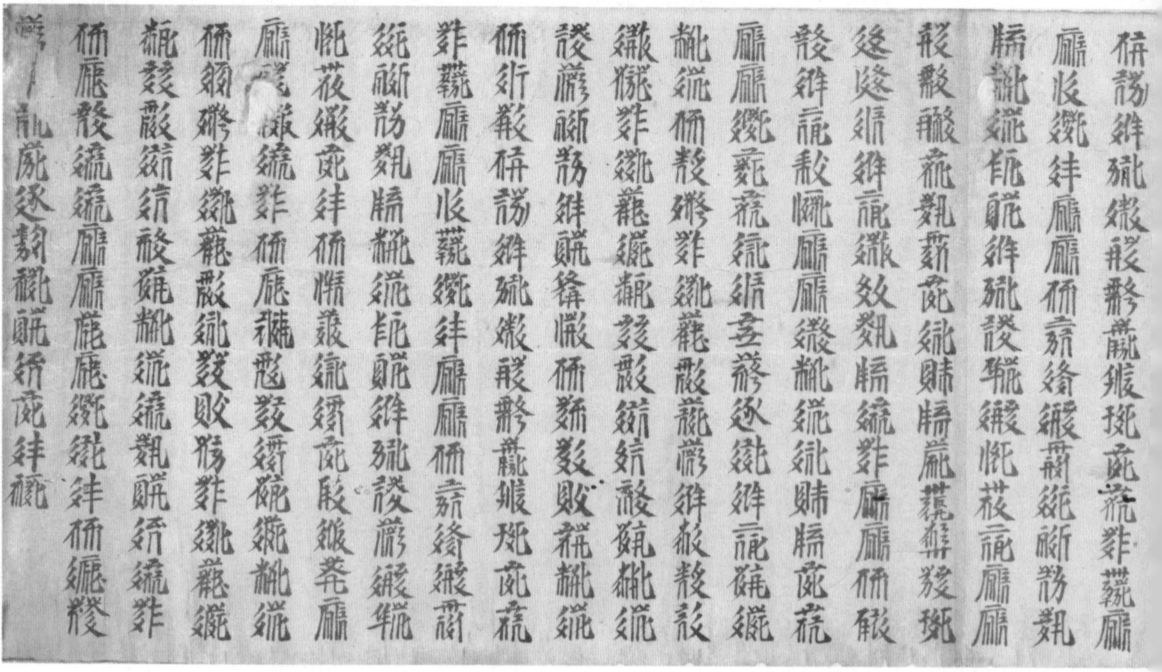

敦煌遗书　西夏文字写经（写 1 卷）

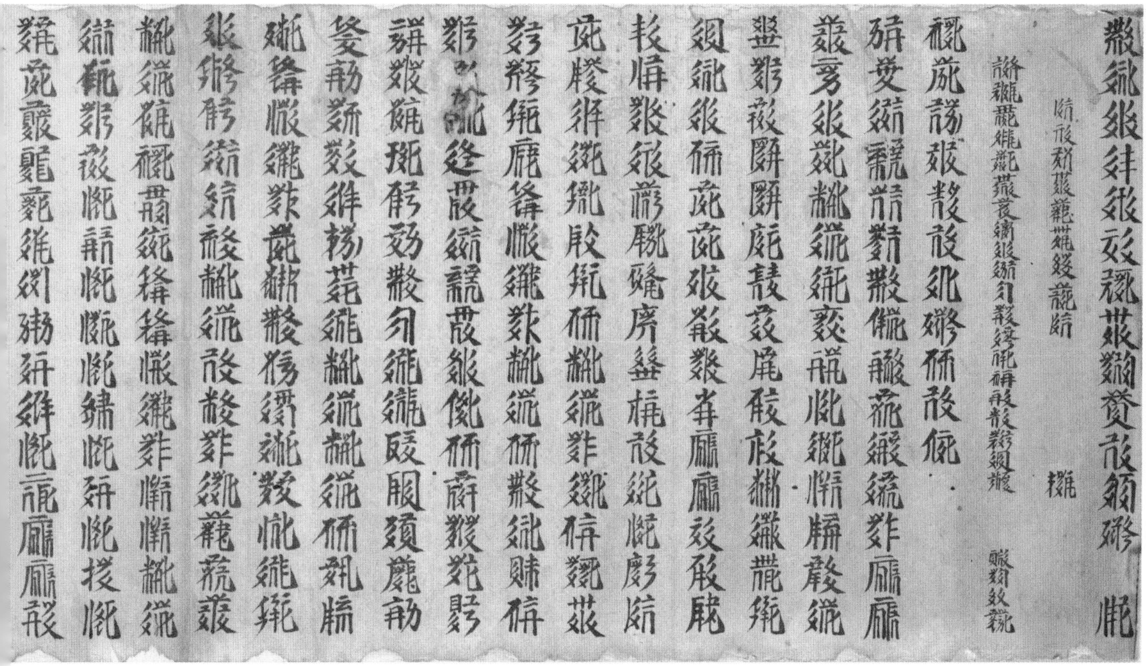

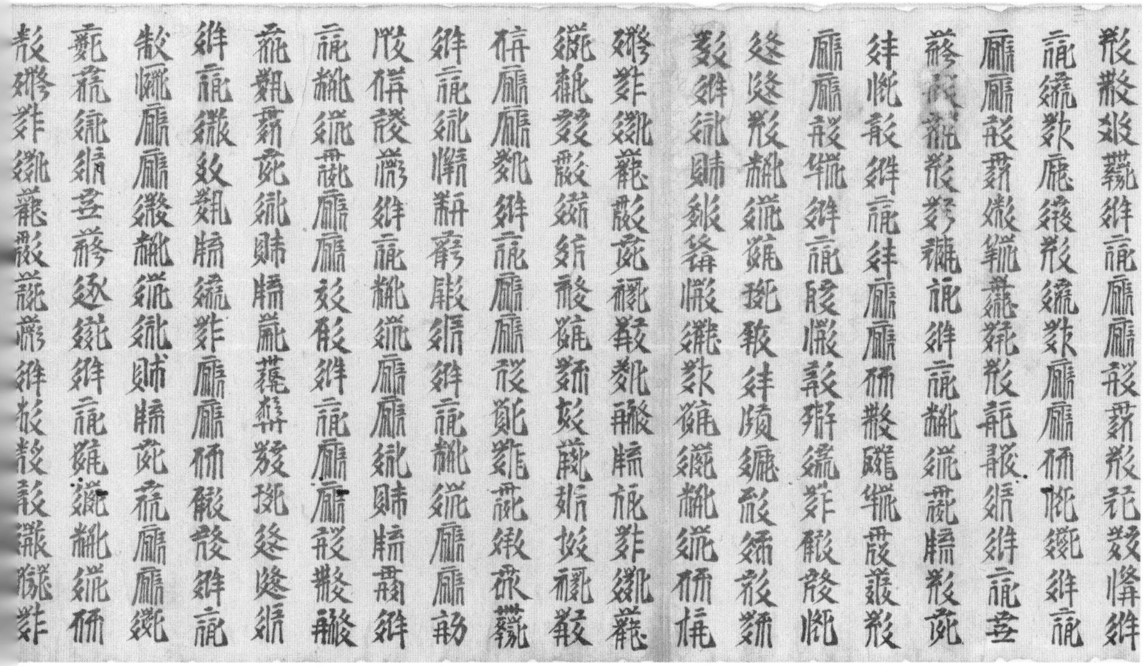

期的建筑材料外，还出土了不少有价值的西夏文物，如西夏文佛经九本、刻本和写本汉文佛经、西夏文文书八件、汉文文书四件、木塔心柱、西夏文木牌等。除此之外，这座方塔遗迹中还有包巾、舍利子包、荷包等丝织品。

文佛经从方塔出土之后，考古工作人员花费大量时间整理拼对，一共得到9册典籍，共有约10万字，其中7本为完整本，两本为残本，还有部分残页、残片仍须继续考证。这些经过整理而成的佛经典籍，便是西夏文佛经《吉祥遍至口和本续》纸本。

木活字佛经纸本

西夏文佛经刻本使用白麻纸精印，以蝴蝶装为书籍制作技巧。书籍内部文字分别为汉文、西夏文，也有两种文字相互交杂的内容。佛经全页版长度为30.7厘米，宽为38厘米，四周双栏，栏间距为23.5厘米，没有明显界限格，整个内页半面左右15.2厘米。

书籍内部字体整齐，笔画流畅，边缘清晰，很少出现笔画字迹中断或缺失的情况，整本书籍印制极为精美，最大程度上表现出了木活印本特点。除此之外，书籍内页有些字行间有长短不一的线条，这些都是木活字在印刷过程中雕版本身特有的隔行加条痕迹。

木活字印刷

元代王祯曾经在《造活字印书法》一书中提到"排字作行，削成竹片夹之"的印刷技术，其实，这种活字印刷术早在西夏时就已经出现。

传统观点认为元代王祯是木活字的创造者，但宁夏著名考古研究员牛达生先生花费了几年时间研究后，提出西夏文佛经纸本才是木活字版印书籍，并为其撰文论述。

1996年11月6日，当时的文化部组织专家组成鉴定委员会对成果进行鉴定，经过十多名专家认真考察、鉴定和讨论之后，他们对牛达生先生的研究成果给予充分肯定，并一致通过鉴定意见。至此，我国木活字印刷的时间又向前推进一大步。

西夏文佛经是迄今为止世界上最早的木活字版印本，它将木活字发明及使用时间整整提前百年，对研究我国印刷史和古代活字印刷技艺的发展有着极为重要的参考价值。除此之外，活字印刷还通过丝绸之路传入欧洲，造福外域人民。

印刷术的出现与普及，使得书籍生产时间和成本大大降低，让更多寒门子弟有书读。自此，学习人数激增，降低了世家贵族对知识的垄断，更多有志青年走入官场，成为巩固政权的重要帮手。更多人学习，便有更多人觉醒，这便是"读书可以明智"的原因。

"以铜为镜，可以正衣冠；以人为镜，可以明得失；以史为镜，可以知荣辱。"华夏文明迄今走过5000年，为世人留下了一个又一个的传奇故事。而今人要做的则是翻阅这些传奇，不断充实自己，这样才能承接先民的脚步，紧跟时代的浪潮。

明黄缎绣云龙纹吉服袍——金龙纹绣，吉服龙袍

明黄缎绣云龙纹吉服袍是清乾隆时期皇后在祭祀场合所穿吉服，上绣龙纹装饰，气派非凡，规格极高。该文物为清宫旧藏，现收藏于北京故宫博物院。

文物溯源

明黄缎绣云龙纹吉服袍整体身长 146 厘米，两袖通长 186 厘米，袖口宽 19.5 厘米，下摆宽 123 厘米，开裾长 69 厘米。其领口上拴有黄纸签，上墨书："乾隆三十五年五月初五日收明黄金龙夹袍一件"。据此判断，这件吉服袍很可能为孝仪纯皇后魏佳氏所有。

这件吉服袍是一件左右开裾式双层长袍，以明黄色缎地绣云龙纹为面，月白色绸为里，圆领右衽大襟造型，袖子由袖身、中接袖、接袖及马蹄形袖端四部分组成，吉服袍的右襟还钉有四枚银鎏金水纹錾花扣。

吉服袍使用五彩丝线和二色圆金线作为刺绣材料，衣身共绣九条五爪金龙（均为正面），其中胸背及两肩各绣有一条正龙，下襟绣有四条正龙，里襟绣有一条正龙。另外，在石青色领的前后还各绣有一条金正龙，左右及交襟处各绣有一条行龙，石青色中接袖处各绣有两条金行龙，马蹄袖端各绣有一条正龙。吉服袍的下摆为八宝立水纹样绣花，周身以五彩流云、万字、蝙蝠、磬、如意、书、瓶、灵芝等杂宝纹点缀。

北京故宫博物院中所收藏的丝织文物多来自清宫旧藏，是收藏于清朝宫廷之中的文物。不同于瓷器、青铜器等文物，清宫旧藏的许多丝织文物多为清代所制，这件吉服袍便是由清代官营织造局所制，融汇了多种清代丝织技艺。

清　乾隆　明黄缎绣云龙纹吉服袍

此袍龙纹绣制最为精细，多种针法参差并用，突出而又生动地表现出金龙神采飞扬、腾游律动之气势。

金龙纹绣，引线穿针

这件吉服袍在绣制时采用了多种复杂且精密的针法，如套针、齐针、接针、滚针、钉线、戗针、打籽、平金和盘金等。

戗针是传统苏绣针法，其可以让纹饰图案的层次更加清晰。这件吉服袍上的海水由红、蓝、绿、黄、绛五色构成，每种颜色要工匠使用戗针晕色为深浅两个色阶，五色之间以白色相间，且均辅助使用盘双金线，将其作为海水之间的分界线，使海水层次更加丰富，看上去波光粼粼。

吉服袍上的云纹也极具层次感，其以天蓝色为主色，红、绿、白作为辅色，使吉服袍整体上更显多彩多姿、飘扬飞逸之感。

整件龙袍上最为出彩的是龙纹，无论是正龙与行龙，都使用了多种针法参差绣制。其中，龙的脸部使用了平金针法，这是一种用金线在绣面上盘出图案的针法，在清代，京绣、苏绣较为多见；眼、鼻部使用了齐针针法，这是一种以针线平行或斜向在织物上纹绣的方法，可以让绣面匀称平整；须发使用了套针针法，这也是苏绣的主要针法，可以让绣面平服，边缘齐整；牙齿使用了打籽针法，这是用线条绕成籽粒纹绣的针法，可以让绣面更具立体感。

除此之外，龙纹的背鳍、尾鳍和爪甲采用摽针针法，鳞片采用迭鳞针针法。这些复杂多样的针法，生动表现出金龙神采飞扬、腾跃升空的气势。

十二章纹与封建等级

清皇室的服饰主要分为三大类——礼服、吉服和便服，其中吉服又包括吉服冠、龙袍、龙褂等类型。不同类型的服饰在形制、工艺、装饰图案以及色彩上，也都会有所不同。明黄缎绣云龙纹吉服袍上在选料、绣工、选色方面都极为出色，纹饰图案也十分严谨工整，代表了清代鼎盛时期的工艺水平。

帝后服饰上所绣的纹样通常包含着各类美好寓意，常见的花纹式样有龙凤纹、蝙蝠纹、牡丹纹、十二章纹等。这些纹饰图案仅供帝后或皇室贵族这些特定人群使用，其他人只有在获得皇室赏赐的情况下，才可以使用这些特殊纹样。以龙凤纹为例，清朝时期仅有皇帝、皇后可以使用，其他人如若使用便是僭越，可等同为谋逆之罪。

十二章纹是比较具有代表性，也是较具特色的纹饰之一。十二章纹包括：日、月、星辰、山、龙、华虫、黼、黻、宗彝、藻、火、粉米。每一章纹饰都有其不同的释义，代表着对衣服主人的美好祝愿。

根据相关史料记载，虞舜时期，十二章纹就已经出现并投入使用。《虞书·益稷》篇中便对其进行详细叙述。《虞书》为周朝史官对前朝历史及相关文化的记载，因此，这些证据足以说明，周以前的统治者便已经开始使用十二

皇帝龙袍十二章纹

十二章纹，又称十二章、十二纹章，是中国帝制时代的服饰等级标志。

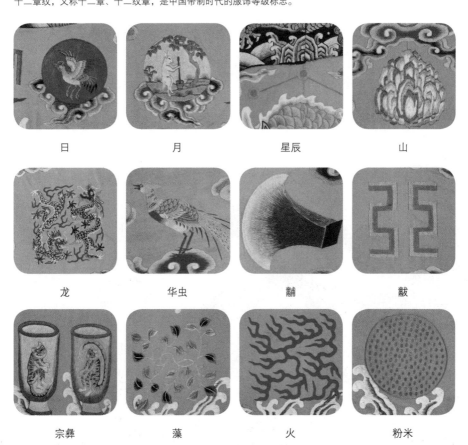

日	月	星辰	山
龙	华虫	黼	黻
宗彝	藻	火	粉米

章纹，为其赋予了极高的政治意义，并使其成为权力的象征。

自出现时起，它便与权力和地位息息相关。统治者将其视为权力的象征，垄断于皇室之手，直到封建王朝灭亡，这些特殊的纹饰才变得不那么特殊。

朝代更迭，时间如白驹过隙，十二章纹经历了太多的风雨，从原本寓意吉祥富贵的图样，变为承载着厚重历史的等级制度标志。因其本身的特殊意义和地位，即便经历漫长的时间，形态依旧没有太多变化，甚至没有人会对其进行人为改变，这是其他普通装饰纹样无法相提并论的。

历朝历代帝后的礼服上几乎都装饰有十二章纹，只是位置、色彩略有变化，但这丝毫不影响后世对其历史意义和工艺技巧的探究，不影响后世去领略属于那华夏人民的服饰之美。

在这件吉服袍上，不仅有精湛灵动的刺绣图样，还有无数先民洒下的汗水。对于我们来说，无论是从历史的角度，还是从艺术的角度，都是莫大的熏陶。

中华文明五千载，有数不清的辉煌胜迹，作为传承者，我们更应"推陈出新，革故鼎新，批判继承，古为今用"。只有这样，才能将老祖宗创造出来的辉煌延续下去，让更多的人看到独属于我们的诗与远方、星辰与大海。

清　郎世宁等　塞宴四事图（局部）

此图绘乾隆皇帝在木兰秋狝后，于避暑山庄举行诈马（赛马）、什榜（音乐）等四事的场景。图中为乾隆妃嫔的肖像。

第八章
底蕴深厚的字画

《楞严经旨要》——横风疾雨一气成

　　《楞严经旨要》是宋代王安石创作的书法作品，现收藏于上海博物馆，是王安石两件传世法作品中的一件，珍贵程度可见一斑。

文物溯源

　　《楞严经旨要》横 119 厘米，纵 29.9 厘米，是王安石在元丰八年（1085 年）创作的书法作品。此时距离这位大名鼎鼎的北宋文学家辞世仅剩一年光景，因此，这部作品也可以看作是王安石的最后光辉。

　　此作品摘录于唐代般刺蜜帝所译《楞严经》中的《观世音发妙耳门》一节。

因卷前有"大佛顶如来密因修证了义诸菩萨万行首楞严经"之名，故后世将其定名为《楞严经旨要》。

不过，光凭抄录是无法抒发王安石当时心境的，所以，他在卷文末尾又自题道："余归钟山，道原假楞严本，手自校正，刻之寺中。时元丰八年四月十一日，临川王安石稽首敬书。"从这个"敬"字中，人们亦不难看出王安石对此佛经的敬畏之情。

《楞严经旨要》全文数千字，却无一处涂改，这一点连有"天下第一行书"的《兰亭集序》都未能达到，可见王安石在抄录时极为用心，且已将经文融会贯通了。

晚年的王安石经历官场浮沉，变法失败，已经看透人生的是非纷扰。在创作这卷书法作品时，他也做到了全身心投入其中，不为外物所扰。

《楞严经旨要》字形左右仰俯、上下揖让、勾折转换之间自然流畅却又不失锋芒，其势如疾风骤雨，一气呵成，颇有轻盈飘逸之感。《楞严经旨要》用

北宋　王安石　《楞严经旨要》

王安石以治政和文学名世，书法亦颇有造诣，时人评他的书法近学五代杨凝式和北宋沈辽，得沈之清劲，远绍晋宋。

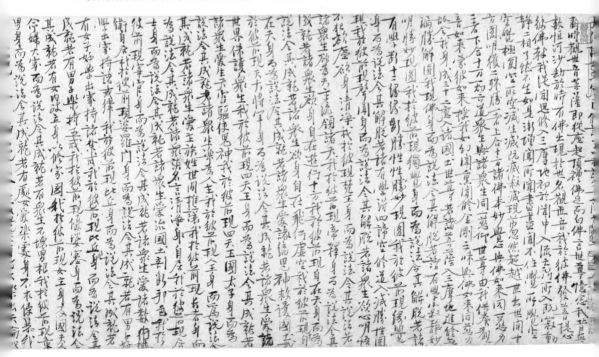

明　张居正　帝鉴图说

此图绘王安石新政推行时，有些政策扰害百姓，致民不聊生，宋神宗看到郑侠呈上的流民图，知晓利害后，遂将不利民之政策罢革。

笔清劲、导送收放、使转灵活，颇得杨凝式的笔法。此经卷字里行间很少留白，但又未因密集而丧失观赏美，字与字之间参差错落，毫不板滞，如横雨斜风赫然纸上，让经文颇具"萧散简远"的意境，实乃中国古代书法作品的登峰造极之作。

南宋学者牟献之见此作品后，为其写下："霜筠雪竹钟山寺，投老归欤寄此生。"此诗句乃王安石拜相之后所写，表达了作者对归隐山林的向往，以及对精神升华的追求。由此可见，牟献之与王安石意趣相投，并从此作品中看到了晚年王安石宁静致远、不求权贵、淡泊名利、一心向佛的心境。

此作品被收录于明汪珂玉《珊瑚网书跋》、清卞永誉《式古堂书画汇考》、安岐《墨缘汇观》等书，其本身的文物价值、所代表的文化意义以及对后世的启迪，都是同类型作品中难得一遇的。

改革派王安石

王安石，字介甫，生于1021年12月19日，卒于1086年5月21日，晚年号半山，抚州临川（今江西省抚州市）人，是北宋时期著名的思想家、政治家、文学家、改革家。他不仅是著名的"唐宋八大家"之一，也是八人中官职最高的一个，曾官拜北宋宰相，封荆国公。

庆历二年（1042年），王安石进士及第，步入政坛，也是从此刻起，他心中的远大抱负得以施展，那句"春风又绿江南岸，明月何时照我还"相信大家一定耳熟能详，其不仅表达了王安石思念故乡之情，也表达了他重返政治舞台、亟待推行新政的迫切心理。

纵观大宋王朝两代，虽享国319年，但宋太祖赵匡胤陈桥兵变、黄袍加身后，担心身边武将上行下效，取其位而代之，故杯酒释兵权，重文轻武，使得北宋军事

清　佚名　王安石像

力量屡弱，北方故土尽归敌国。在当时的政治背景下，很多官员选择认命，偏安一隅，贪图享乐，认为"收复失地，还我河山"只是笑谈。可是，王安石并没有这样的想法。王安石是坚定的改革派，一心想着通过变法重树大宋国威。

熙宁二年（1069 年），王安石遇到知己宋神宗赵顼，这位同样心怀远大理想和抱负、急迫改变北宋现状的天子，与王安石一拍即合，以理财整军为中心，积极推行生产发展，富国强兵。但以挽救北宋危机为目的，涉及政治、经济、军事、社会、文化各个方面的熙宁变法，终因用人不察、官场腐败严重、官员执行力不强、保守派官员懈怠甚至从中作梗而走向失败。此后，王安石多次托病请辞丞相之位，可想而知，此时的王安石心中对北宋政坛有多么失望，对大宋的未来有多么迷茫。

最终，这场自商鞅变法以后，再次轰动中国古代政坛的变法革新，因朝堂新旧党之争、宋神宗驾崩、高太后听政拜司马光为相，而彻底宣告失败。

1085 年，新法被全面废除，王安石的变法图强梦想也烟消云散。这一年的王安石是如何与自己和解的我们不得而知，或许他闭门钻研佛经就是为了放下心中执念，又或许是因为对自己有知遇之恩的宋神宗驾崩，抑或是官场沉浮几十年所感受到的深深绝望，让他选择通过佛经来逃离纷扰的尘世。

一字千金，镇馆之宝

作为上海博物馆书画类镇馆之宝，《楞严经旨要》的价值不必多谈。这些能流芳百世，值得子孙后代驻足观赏并满心敬畏的，都是整个民族发展历史上不可磨灭的文化瑰宝。

《楞严经旨要》不仅代表了古人对佛法的虔诚信仰，而且包含王安石的人生感悟与心境历程。观其内容，人们仿佛能听到佛音跳动，又仿佛能跨越时间与空间，一直走进王安石的内心世界。王安石因文入政，得权变法，满怀雄心壮志，最后却竹篮打水一场空。他经历了人生的大起大落，大喜大悲，最后选择以佛经来度化自己，用书法来寻求解脱。虽心有郁结，但王安石依然创作出了惊艳后世的传世书法作品，这也让千余年后的我们有幸一窥北宋时期"拗相公"的心路历程。

《诸上座帖》——恣意纵横写名草

　　《诸上座帖》是北宋著名书法家黄庭坚为好友李任道所录写的草书手卷，其内容为僧人文益的语录。这幅草书经典之作最初收藏在南宋时期的高宗内府，后来几经辗转，在清朝末年被张伯驹所得，现收藏于北京故宫博物院中。

文物溯源

　　《诸上座帖》纸本草书全文共 92 行，卷长 729.5 厘米，宽 33 厘米。此作原为黄庭坚赠送好友的禅语摘录，但因其笔法流转圆润，起落间气势如龙，被南宋高宗收藏于内府，而后落入南宋晚期权相贾似道之手。崖山一役，南宋灭亡，元朝取而代之，此帖经历战乱纷争、王朝更替，几经流转。后来，朱元璋横空出世，扫平江南，北伐元廷，光复汉家疆土，建立大明。此帖也重现江湖，先后被明朝李应祯、华夏、周亮工收藏。明朝经历 16 位君王，最终因连年天灾、政治腐朽、国库空虚，致使清军入关，取而代之，此帖又辗转流入孙承泽的砚山斋，后又归王鸿绪所有。乾隆年间，此帖被收入内府，至清末又流出宫外，被张伯驹先生所得，后捐献给国家，现收藏于北京故宫博物院。

　　除此之外，《诸上座帖》还被明都穆《寓意编》、华夏《真赏斋赋注》、文嘉《钤山堂书画记》、张丑《清河书画舫》《清河见闻表》、卞永誉《式古堂书画汇考》、清孙承泽《庚子销夏记》、清内府《石渠宝笈·初编》等书收录。由此，人们亦可看出它在书法领域的地位之高、影响之深。

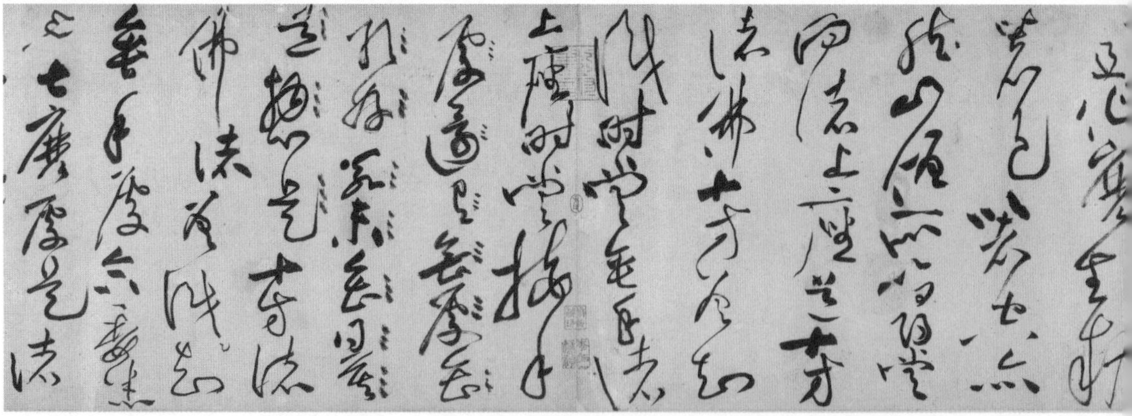

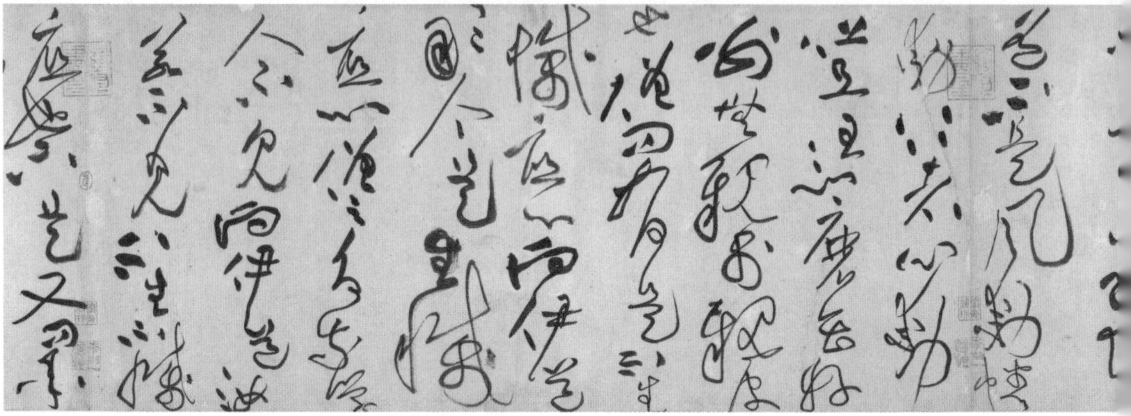

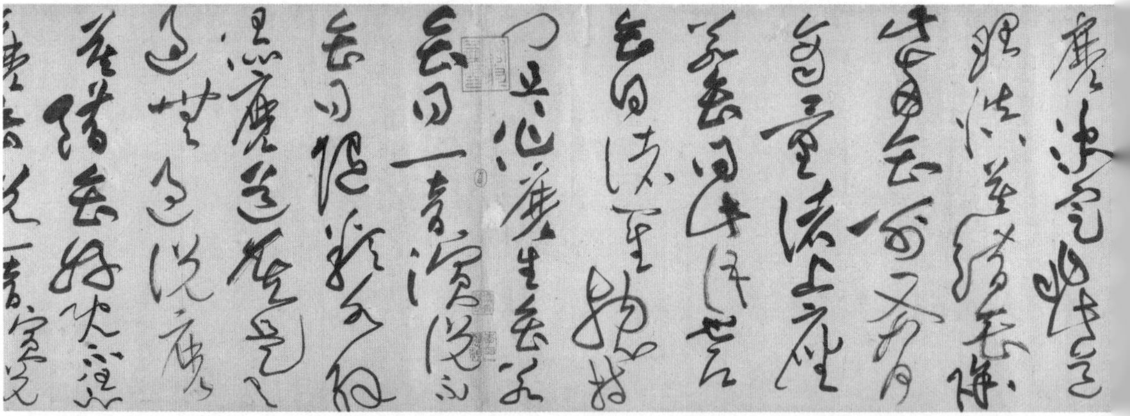

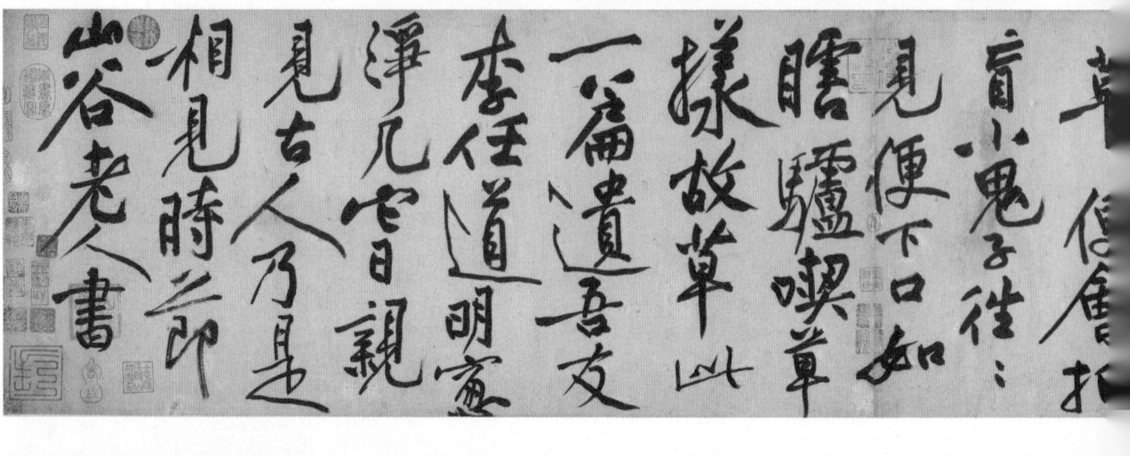
盲小鬼子往往
見便下口如
瞎驢喫草
一篇遺吾友
李任道明窗
淨几它日親
見古人乃是
相見時節
山谷老人書

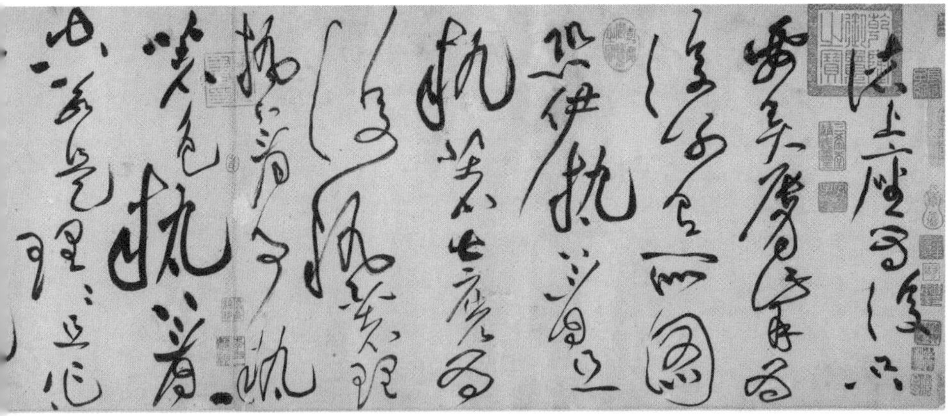
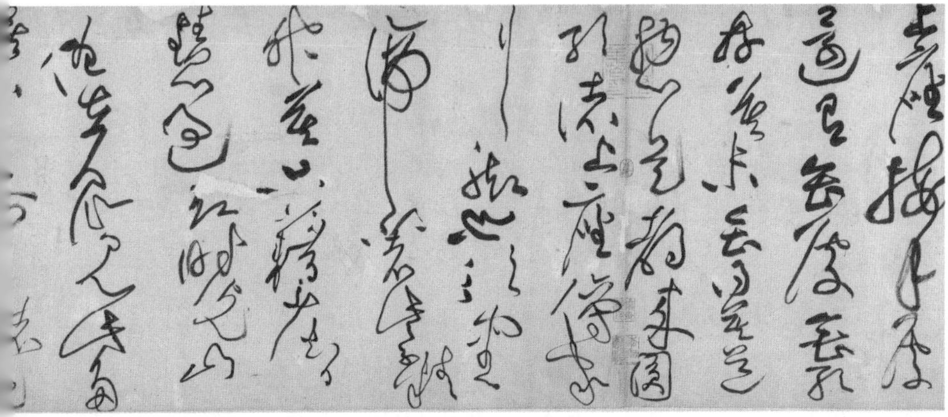
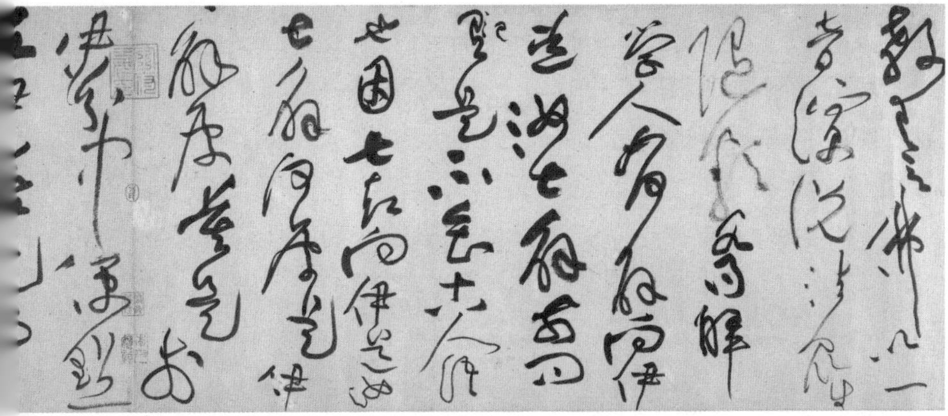
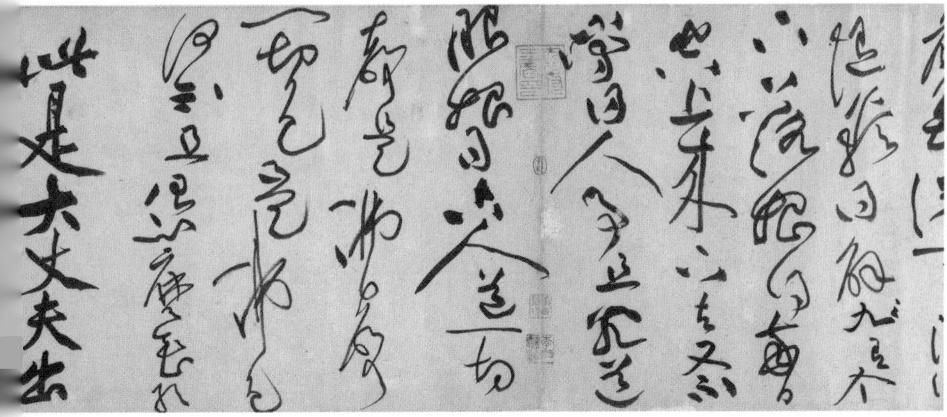

北宋　黄庭坚　诸上座帖

文坛宗师黄庭坚

黄庭坚，字鲁直，自号山谷道人，晚号涪翁，洪州分宁（今江西省修水县）人，北宋著名诗人、词人、书法家。黄庭坚年少成名，7岁便可成诗，19岁中乡元，23岁考中进士，为三甲榜首，同年入朝为官。相较于英宗治平四年（1067年）进士这个头衔，大家显然更加熟悉苏（苏轼）、黄（黄庭坚）、米（米芾）、蔡（蔡襄）"宋四家"，以及苏门四学士（黄庭坚、秦观、张耒、晁补之）中的黄庭坚。

事实也确实如此，相较于黄庭坚在书法方面的得意，官场上的他就比较失意了。黄庭坚怀揣满腔抱负，试图整顿北宋官场，可换来的却是同僚排挤、君王无情，连翻被贬。最后，他只能宣教宜州，功齐韩柳，于文化事业中"鞠躬尽瘁，死而后已"。

提到黄庭坚，就不能不提他的恩师苏轼。苏轼在北宋文坛的地位极高，年轻学子都以拜入苏门为荣。黄庭坚毛遂自荐，苏轼甚是欣喜，两人也结成了亦师亦友的关系，时称"苏黄"。苏轼与黄庭坚不仅在书法诗词方面非常契合，而且仕途也都不如意，再加上二人性格都自由不羁，其关系自然更加亲近。

黄庭坚虽然受到老师提拔和影响，但在书法领域却自成一派，尤其是在草书方面，更是做到了"青出于蓝胜于蓝"。《诸上座帖》是黄庭坚56岁时的著作，60岁而卒的他，此时已是创作生涯的晚期。这卷《诸上座帖》勾折擒纵之间，为人们营造出一个前所未有的书法空间。这个书法空间不仅宏伟博大，还具有无限的广延性。

得佛经妙理，开草书新境

纵观《诸上座帖》流传的近千年时间，虽然经历王朝更替，多次辗转，数人递藏，但每位收藏者都对其小心保管甚至爱不释手。由于狂草体气势恢宏，壮如惊龙，外有气吞山河之恢宏，内具行序法则之潦草，与封建统治者的个人气魄和治国理念不谋而合，此帖还尤受皇室的青睐。

怀素的草书虽然看起来很狂，但非常注重行笔的感觉，速度不能太快，要找到悠然畅游、曲折自然的意境。黄庭坚的狂草相较前辈多了几分理性，真正做到了"皮毛剥落尽，惟有真实在"。这卷《诸上座帖》从容淡宕，一波三折，寓佛法无边，诸佛无相，但又要秉承清规戒律，严于律己，彼此形成了完美的呼应。黄庭坚的《诸上座帖》之所以能远超同类作品，是因为他不仅用纸笔在书写佛音禅语，更是在用心传达对好友的殷切期盼和美好祝福。

"诸上座为复只要弄唇嘴，为复别有所图，恐伊执着，且执着甚么，为复执着理，执着事，执着色，执着空，若是理，理且作么生执，若是事，事且作么生执，着色，着空亦然。"此句为全帖开头部分，虽是开头，但人们读之亦有醍醐灌顶之感，再加上黄庭坚的书法功力，完全做到了字与词相融相通，让意与境浑然天成。

《诸上座帖》不仅是一篇禅语摘录，也是古代先民的精神信仰以及好友之间亲密情感的见证，更是中国古代怀素狂草书的巅峰之作。此帖能流传于世，让千年后的我们有幸得见，除了与收藏者的爱惜有关，也得益于中华民族深厚的文化底蕴。后世无数文豪更是从临摹《诸上座帖》中得到启发，或是开创了自己的流派，或是提升了书法造诣。如今，《诸上座帖》静静地躺在北京故宫博物院，当你从它身边走过时，或许也能感受到书法意境流入心间。

任何一件好的书画作品，都值得我们反复观看，用心观摩，因为每看一次感悟就深一分，每写一次意境就上升一层。这不是个人观点，而是每位爱好书法之人的心得体会。

《游春图》——金碧山水先河之作

《游春图》为隋代画家展子虔的绢本绘画，此画以青绿设色，展现了水天相接的春日美景，是一幅景致优美、构图得当的金碧山水先河之作。同时，此画是展子虔唯一一幅传世名画，也是迄今为止存世最古的画卷，现收藏于北京故宫博物院绘画馆之中。

文物溯源

《游春图》是绘在绢上的绘画作品，不易沾染灰尘，若保存得当，哪怕经历千年，依然能光洁如新，这是纸本绘画、纸本书法作品无法做到的。《游春图》之所以能流传至今，或许也与它的材质有关。

此画作长 80.5 厘米，宽 43 厘米，描绘的是阳春三月时节桃杏争艳、人们出游时的场景。上有青山翠柳，下有湖水潺潺，勇士策马扬鞭，或行于山间小道，或驻足于湖边饮马观瞧。湖中舟楫翻波，桥梁横亘，庭院错落，层次分明，给人身临其境之感。

《游春图》上有宋徽宗所题写的"展子虔游春图"六字，这说明此画曾被宋徽宗所藏。不过，在北宋亡国、宋室南迁之时，此画流出宫廷，后为南宋权臣贾似道所得，并将自己的"悦生"葫芦印盖在画上。南宋灭亡后，此画又为元鲁国长公主所藏，她曾命冯子等人在画后赋诗，并将自己的"皇姊图书"印盖在图上。

大明建立后，《游春图》又被收入明内府中，后又被权臣严嵩所得。在严嵩倒台后，韩世能开始大肆收购严嵩所藏书画作品，不过在韩世能去世后，其子未能继承其鉴藏事业，将父亲收藏的历代书画真迹悉数外散。

清朝时期，《游春图》几经辗转，从其上所盖"梁清标印""安氏仪周书画之章"可以看出，其曾先后为梁清标、安歧等人收藏，最后又被收入大清内府之中。

清末民国时期，《游春图》散落于宫外，为收藏家张伯驹所获。为了更好地收藏这幅画作，张伯驹还将自己的住所更名为"展春园"。1956年，张伯驹将陆机《平复帖》、展子虔《游春图》、黄庭坚《诸上座帖》、赵孟頫《千字文》等一批艺术瑰宝捐赠给国家，以个人力量守护住了华夏民族的文化结晶，为中国文物界、美术界做出了不可磨灭的突出贡献。

唐画之祖展子虔

展子虔，渤海（今山东省阳信县）人，北齐至隋代画家，曾任朝散大夫、帐内都督。他不仅擅长山水画作，也擅长画楼阁人马，在绘画领域堪称多面手。展子虔的作品主要有《八国王分舍利图》《授经图》《长安车马人物图》《游春图》等。

展子虔画人物，描法细致，神采飞扬，生动形象，开唐画之先河；写江山括远近之势，有咫尺千里之趣，对后世李思训、李昭道父子影响颇深；摹骏马，立卧之姿，皆有生气，走立起跃，气势不凡。

《游春图》是展子虔的代表作，在继承南朝各类绘画技法的同时，重写实，并有所创新，开金碧山水画作之先河。不过，后世对于现存《游春图》是否出自展子虔之手，还存在较多争议，质疑声最大的当属近代文学家沈从文。

1947年，沈从文撰写《读展子虔》一文，通篇全是质疑。他称半年中有机会前后看过这幅画八次，并没有找到直接证据证明宋徽宗御笔亲题的六个字具备真实性。而且前代绘画作品的著录《贞观公私画史》《宣和画谱》等，都没有提到展子虔作过此画。

除此之外，沈从文还从画中人物着手，认为画中人物所着衣物不属于隋代风格，也就是说《游春图》可能不仅不是展子虔所作，甚至都不是隋代的作品。持此观点的不止沈从文一人，其他专家学者也从人物、坐姿、装裱、建筑部件等方面揣测，此画作可能为北宋时期临摹之作。

東風一樣翠紅新綠水青
山又可人料得春山更深
豪仙源初不限紅塵
中書平章政事張珪敬題

趙巖

隋　展子虔　游春图

画家用青绿重着山水，用泥金描绘山脚，用赭石填染树干，遥摄全景，人物布局得当，开唐代金碧山水之先河，
在早期的山水画中非常具有代表性。

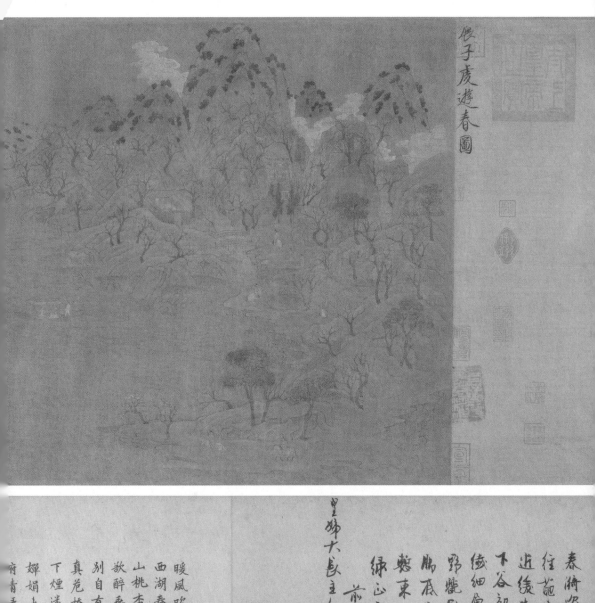

倪子虔遊春圖

春術欢蹀動軽蘭桃諜香
往菲未後红橋瘦影迷遠
近縷蓴仰佃何人肖高岩
下谷韶景媚愫芳菲韻
縷細會青坡碧草樹膡妞
野艷甝褵綉玻辱無歳月
脈底寒楊惰休事畫不
藝東陂晴泂苕復穎濃
緑正要君傳嵘
　前集賢待制馮子振奉
皇姊大長主命題

暖風吹浪生魚鱗畫暠彷彿
西湖春錦簇詩人兩相逐碧
山桃杏霞初勻粉堦朱檻眼
歆醉乘楊淺試媚蛾螓人間
別自有蓬島儼源之說元非
真危橋凌空路歆轉飛流直
下煙迷津畫船尒有詩興好
嬋娟木必飛梁塵兩翁隔陽水
府青承紹光义雪虫芳是皇

不过，纵使存在诸多争议，却有一人坚信《游春图》就是展子虔真迹。此人便是民国四公子之一的张伯驹先生，他不惜卖掉家里的老宅，将《游春图》硬生生从外国人手中"抢"了过来。不然，这件艺术史上的璀璨瑰宝就要流失海外了。

开金碧山水之先

说《游春图》开金碧山水之先，不仅是因为其在画面内容呈现上独有创制，更是因为其所采用的异于前人的创作手法和审美取向。

我国早期山水画作讲究"人大于山，水不容泛"，在画人物形象时，通常会比山还大；在画水面时，多不会呈现出水波荡漾的景象。这是中国早期山水画作尚不成熟的主要特征，人物山水比例严重失调，使得图画观感大幅下降，整体略显呆板，很难让人有赏心悦目之感。

展子虔在绘制《游春图》时，充分考虑了比例协调问题。他将山与水作为画作主体，将人、船、楼阁、古刹都融入山水之中，通过这些景象的相互配合，来展现画面景物间的大小、远近、高低等关系。自然景物的空间关系合理，远山近水，咫尺天涯的感觉一目了然，画中人物虽小，但描绘得并不粗糙，可见展子虔的绘画功底是非常深厚的。

《游春图》作为展子虔唯一存世的代表作，其本身的文物价值自不必多谈，而且它还是迄今为止存世最早的画卷，对世界绘画史、艺术史具有重要意义和深远影响。

每一个时代的勇士都值得铭记，更何况是那些开创了某个时代的先行者们。他们所取得的成绩不仅仅代表着某种事物、技法的革新，还代表着一种勇于奋进、开拓创新的精神。

百年前，华夏文明再次迎来至暗时刻，很多外国人觉得这片古老的东方大地如同一潭死水，文化落后、技术落后、制度落后，与新世界格格不入。但中国人从不缺少努力进取、开拓创新的精神，陈列在各大博物馆中的青铜器、玉器、瓷器、书法、绘画精品是有利明证；飞向外太空的航天器、深入海洋的载人潜水器、贯通全国的高速铁路……也都是有力明证。

《韩熙载夜宴图》——传世画卷，栩栩如生

　　《韩熙载夜宴图》是五代南唐画家顾闳中所作人物画，描绘了南唐名臣韩熙载在家设宴行乐的场面，是我国工笔重彩人物画的扛鼎之作，也是我国十大传世名画之一。现存的《韩熙载夜宴图》为宋代临摹本，被收藏于北京故宫博物院。

文物溯源

　　《韩熙载夜宴图》长335.5厘米，宽28.7厘米，是描绘南唐官员韩熙载在家中宴请宾客场景的一幅画作。初看这幅画可能会感觉有些奇怪，为什么这幅画中的人物多是重复的，尤其是主角韩熙载足足出现了五次。其实，这正是此画的独特之处，作者以连环画的形式，用屏风巧妙隔开场景，分别描绘了韩熙载宴请宾客的不同片段，营造出了"步移景异"的独特效果。

　　整幅作品线条遒劲流畅，工整精细，不重意境，专注写实。画中人物举止生动，比例协调，空间布控巧妙，构图极具想象力，与五代时期偏重意境、观感失真的绘画手法完全不同。

　　也正因如此，《韩熙载夜宴图》在当时并不受待见，甚至有些画家觉得此画低俗、无风雅，不值得收藏。直到明清时期，人们接触到西方绘画，对工笔画和写实绘画有了更深入的了解，此画才被重新审视，并被奉为神作。

　　《韩熙载夜宴图》的原作已无处可寻，但其诸多摹本却在浩瀚的历史长河中得以保存。在南宋时期，此画就有诸多摹本同时流传，据统计，自北宋及今，此画共有九个版本传世，其中尤以故宫本（现收藏于北京故宫博物院的一版）及唐寅摹本最为出名。

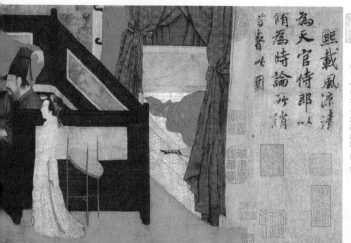

五代十国　顾闳中（传）　韩熙载夜宴图

作品如实地再现了南唐大臣韩熙载夜宴宾客的历史情景，细致地描绘了宴会上弹丝吹竹、清歌艳舞、主客糅杂、调笑欢乐的热闹场面。

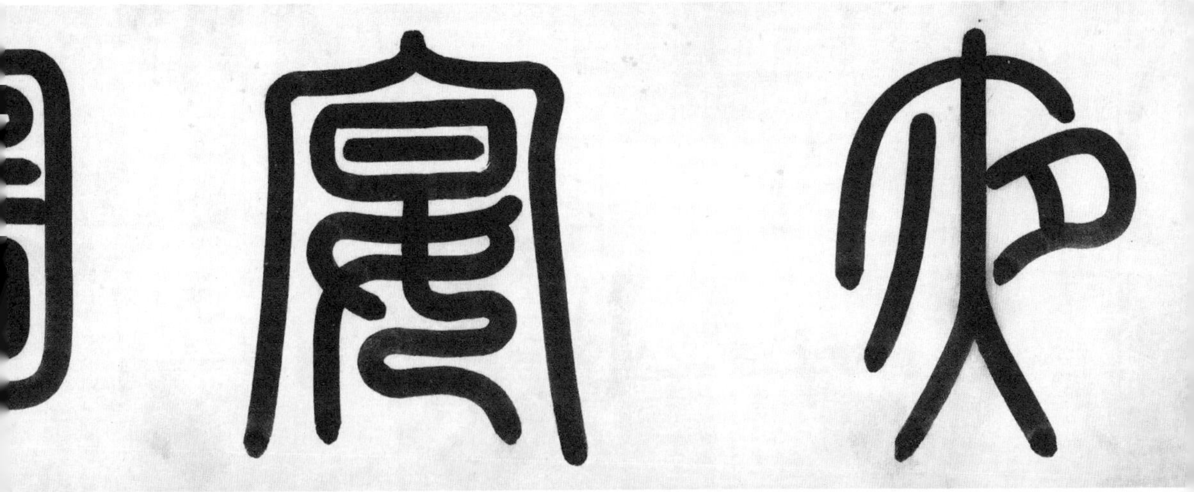

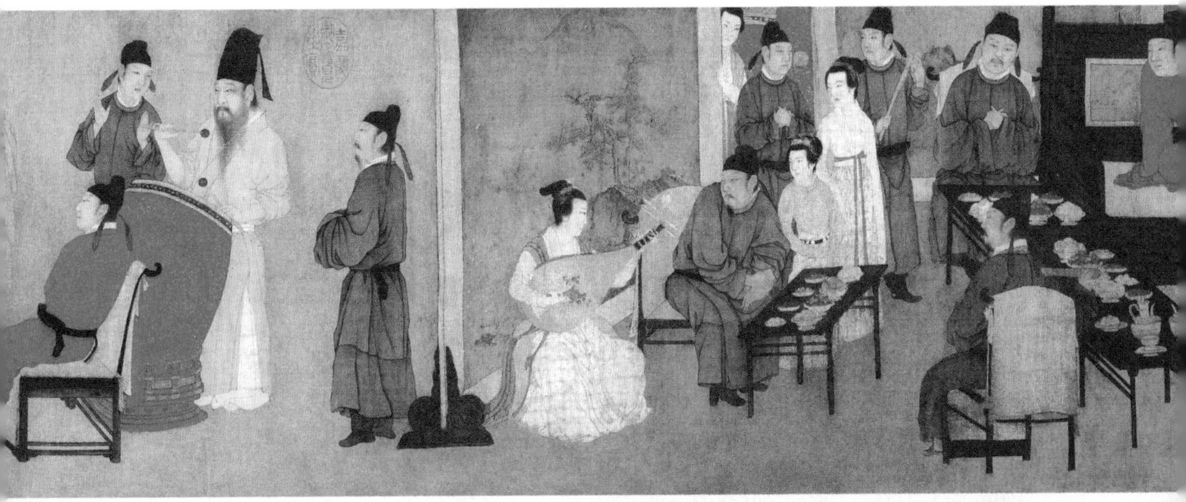

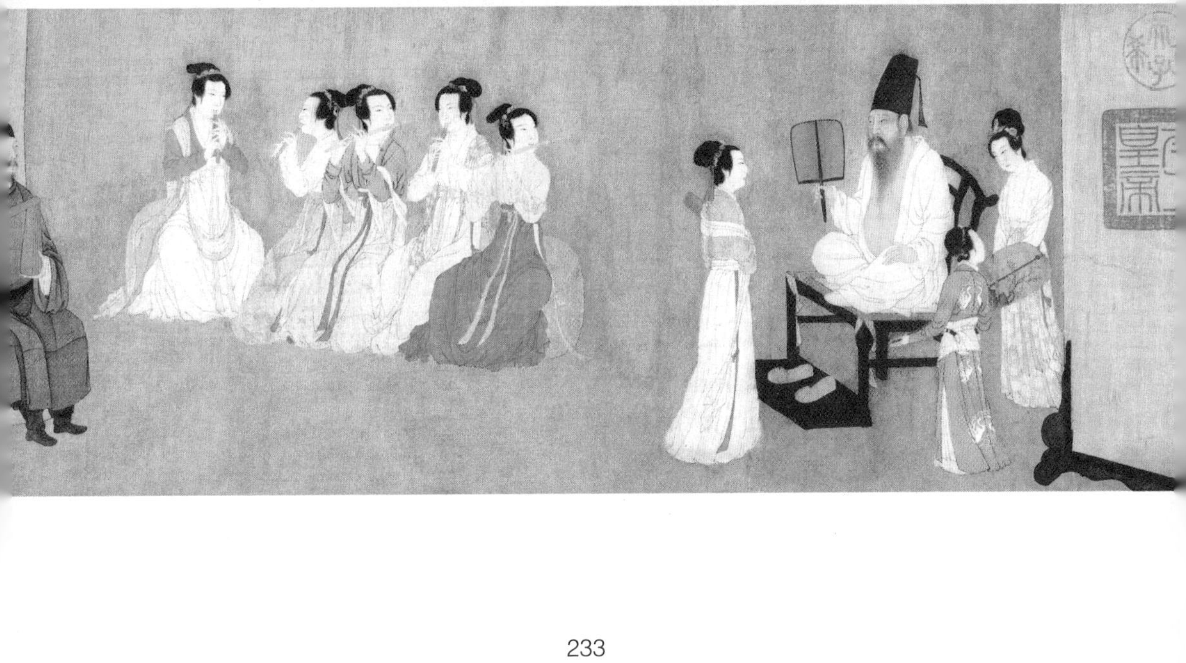

此画的故宫本曾被南宋内府收藏，后辗转几百年，又被收入清朝宫禁之中，乾隆皇帝曾为其题字盖印。清王朝覆灭后，此画几经辗转，后由张大千先生出资买下，并转让给国家。至此，华夏瑰宝重归故宫。

南唐画师顾闳中

顾闳中，江南人，五代南唐人物画家，生于 910 年，卒于 980 年。顾闳中是南唐画院待诏，专为皇室创作绘画，他很擅长描摹人物的形象神态，曾为南唐后主李煜创作过肖像画。在当时，顾闳中的名气并不大，跟同时代的绘画大师董源、巨然、徐熙等人在地位上存在较大的差距。

顾闳中的作品主要有《明皇击梧桐图》《游山阴图》《雪村图》《荷钱幽浦》等，其中最为出名的传世之作便是《韩熙载夜宴图》。顾闳中能够留名后世，一半功劳在此画，另一半功劳在画中主人公韩熙载。

其实，此画并非画中之人请画师所绘，而是南唐后主李煜命顾闳中、周文矩等人前往韩熙载家中打探消息，为了将所见所闻生动展现，故而才绘制出此画（《宣和图谱》中有此记载）。

韩熙载是从北方逃到南方的贵族，虽被南唐朝廷留用，但也对其多有戒备。南唐后主李煜之所以要派人监视韩熙载的生活，就是为了切实了解此人是否真心为南唐效力。而对于韩熙载来说，自己毕竟是外来之臣，过于锋芒毕露只会招致祸患，若有反叛迹象必被下狱清算，如此境遇，倒不如纵情于声色，糊涂此生。

当然，也有研究者认为，李煜是知道韩熙载内心所想之后，才让顾闳中作此画，进而鞭策没有上进心的韩熙载，使其再度出山辅佐自己，重整朝纲，挥师北上，一统中原，光复南唐。

不过，具体事实如何，现今已无法考证，但不管从哪方面解读，韩熙载都是有能力的朝臣，当年举家南下，心怀满腔抱负，望辅佐明君一统河山。怎奈何，李煜精书法、工绘画、通音律、晓诗文，就是不知如何治理天下，如何做一位好君王。

能臣与明主可传千古佳话，而能臣遇庸主，就只有两条路可走，佯狂避世，假装平庸，或者忠心谏言，最后落得个身败名裂、尸骨无存的境地。

很显然，韩熙载选择了前者，因为他看清时局，深知南唐大势已去。所以，他宁愿被人取笑骄奢淫逸，做一条没有理想的"咸鱼"，也不愿做亡国之相。

目识心记成佳作

如前所述，《韩熙载夜宴图》是顾闳中等人潜入韩熙载府邸偷偷观察其宴会场景后，通过记忆与想象绘制出的一幅图画。仅通过目识心记，就能将韩熙载夜宴场景完美呈现，足可见顾闳中绘画功底之深。

在这幅画作中，顾闳中用屏风作为界线，将画卷内容分为五个不同的板块，即听乐、观舞、休息、清吹、送别（不同传世摹本在板块顺序上有所不同）。整幅图的构图疏密有致，人物刻画细致传神，尤其是对韩熙载本人的神态刻画，更是细致入微，生动形象。

第一板块：韩熙载正坐在矮榻上与来宾一同欣赏女子弹奏琵琶。那个头戴高帽的男子便是韩熙载，胡须浓密的他表情享受，但又透露出些许惆怅；同榻而坐的红衣男子是新科状元郎粲，颇为随意的坐姿，给人放荡不羁之感，这也很符合他年少成名、金榜题名的心理；双手合十缓打节拍的男子是南唐大文豪朱铣，他坐姿端正，神态略显拘谨；站立于朱铣身侧手拿器物的男子，是韩熙载的门生舒雅，以及太常博士陈致雍；教坊副使李嘉明也在宴会中，弹奏琵琶的女子李姬正是其妹。

这一板块的图画虽为静态，却动感十足，把宾客们的动作、表情乃至心理活动都展现出来，让人仿佛置身于宴会之中，有身临其境之感。

第二板块：韩熙载正在为舞者击鼓伴奏。画中舞者为王屋山，舞蹈为六幺舞，韩熙载站在红漆羯鼓旁击鼓伴奏，打板的应该是门生舒雅。图中只有新科状元郎粲独坐，姿态依然放荡不羁。这一板块出现的新人物为韩熙载好友德明和尚，他背身低头，拱手伸指，表情局促，与宴会的欢快气氛显得格格不入。

第三板块：韩熙载正在围床上休息。一番歌舞过后，韩熙载显然有些倦乏，红烛点燃，床帖拉开，被子堆叠，枕头平放，他瘫坐于榻上洗手，并与周围侍女闲谈，场景舒适惬意。

第四板块：韩熙载正手执扇欣赏乐女吹奏。只见他手摇竹扇，盘膝而坐，身旁侍女服侍，家眷齐聚，甚是享受。正前方，门生舒雅依旧在打拍板，五名女子有的在吹竹笛（横吹），有的在吹筚篥（竖吹）。

第五板块：韩熙载与宾客、乐女谈笑，宴会落下帷幕。韩熙载与各位宾客挥手告别，表情中似有不舍之意。

民国时期，画家张大千先生以 500 两黄金购得此画，那时候《韩熙载夜宴图》是有市场价格的，但现在，作为中国十大传世名画之一、华夏文明史上的一颗具有开创性意义的璀璨明珠，它已是无价之宝。

千年光阴流逝，画卷中的写实内容依然栩栩如生，其中所展现的乐舞、家居、服饰、礼仪，都对后世研究古代传统文化产生了极高的参考价值。

《渔村小雪图》——天地万仞，咫尺千里

　　《渔村小雪图》是北宋画家王诜所绘绢本设色山水画，描绘了江南小雪初停，渔夫外出捕鱼的场景，展现出天地万仞、咫尺千里的气势，是中国山水画中的上乘佳作。宋徽宗曾在此画上御笔亲题"王诜渔村小雪"六字（王字已残），该文物几经辗转，现收藏于北京故宫博物院。

文物溯源

　　《渔村小雪图》长 219.7 厘米，宽 44.4 厘米，主题为初冬落雪、渔村山林间的景色，整体可分为三部分：远景群峰矗立，伟岸雄阔，山峦走势已蔓延到了书画之外，留出无限想象空间；中景溪谷潺潺，老者拄杖步履蹒跚，仆人携琴伴于后，低山垂幕，孤桥斜径，尽显孤寂；近景苍松迎雪，枝叶俯仰相和，崖下文人雅士泊舟浅酌，自得其乐。

　　这真可谓一幅"人在画中、雪从天降、山随意动、水无常形"的人间美卷，哪怕身处画外也能让人如置画中。画卷整体意境萧索，独有空灵之感，而在这冬后初雪、万籁俱静的氛围之中，我们也能够感受到作者渴望归隐田园，过闲情雅致生活的美好愿望。

　　《渔村小雪图》曾在北宋宣和年间被收入内府，在宋灭亡后，其流传成谜，一直到明代末期才于一处庙宇中出现，并被吴升著录入《大观录》一书。清取明代之，此画又经戴明说、王翚、年羹尧之手，后藏于皇室内府。清朝覆灭后，溥仪携此画出宫，将其散入长春市巷。1950 年，该画被中国画学研究会研究员惠孝同重金买下，捐赠给北京故宫博物院。至此，这幅山水佳作结束千年辗转、多人递藏的漂泊生涯，于北京故宫博物院安家。

北宋　王诜　渔村小雪图

图中雪山奇松，溪岸渔艇，峰回路转，步移景易，整幅画面意境萧索，笼罩在一片空灵、静寂的氛围之中，虽有渔夫艰苦劳作，但反映的却是文人逸士向往山林隐逸生活的雅致情怀。

2015 年 9 月 8 日至 11 月 8 日，《渔村小雪图》在故宫武英殿举办的"《石渠宝笈》特展"中展出。2020 年 9 月 1 日至 10 月 30 日，此画又在故宫博物院文华殿"千古风流人物：故宫博物院藏苏轼主题书画特展"中展出。从个人递藏，只容身侧三五好友品鉴，到收入博物馆，供天下世人观赏，它的价值得到了升华，从有价的画作变成无价的民族瑰宝。

多面画家王诜

王诜，字晋卿，北宋画家，曾官拜左卫将军、驸马都尉，后因受好友苏轼牵连被贬。他极擅山水画作，喜作烟江云山、寒林幽谷等他人难作之景，师古人而又能出新意，不古不今，自成一家。而且，王诜不仅能作画，还能赋诗词，可谓能诗会画的全才。

我们经常说见字如见人，见画也是如此，从《渔村小雪图》中可以看出，王诜在遭遇贬谪之后并未心灰意冷、一蹶不振，反而对远离官场、拥抱自然山水充满喜悦。王诜是因为替苏轼抱不平而遭到贬谪的，很多人觉得王诜被贬得冤枉，北宋那么多权臣不结交，为何要和苏轼、黄庭坚这些"易贬体质"的人掺和到一起。这或许是文人雅士间的惺惺相惜，抑或许是王诜个人的性格使然。

好在有身为公主的妻子为自己求情，王诜才没有遭受多少贬谪之苦。但在对待这位结发妻子时，王诜的所作所为却让人大跌眼镜。

年轻时的王诜才华横溢、风采卓绝，凭借才华顺利迎娶了宋神宗最疼爱的妹妹，成为大宋驸马，走上人生巅峰。有此际遇，未来人生一片坦途不说，至少也是锦衣玉食享用不尽了。但王诜却并没有珍惜公主对自己的好，反而在公主重病时"与婢奸主旁"。从《资治通鉴长编》这一记载便可看出，王诜的行为是多么荒唐。

最终，这位才华有余、品行不足的才子为自己的行为付出了代价，在公主下葬后，他再遭贬谪，一直到宋哲宗即位时才重新获得重用。

山水天成，咫尺千里

山水画作为中国绘画史上极具代表性的门类，出现时间并不算早，在隋唐两代之后，山水画才从人物画中剥离出来，独成派系。在构图时，山水画以群山枝柳、舟船河流为主，通过巧妙安排空间错落，以景物大小、着色深浅来表现远近，给观者以身临其境、咫尺千里之感。

早期的中国山水画作在绘画技法应用上还不够成熟，常出现木不成林、山无层次、云层规整、泛舟无波的情况，图画中的山水形象也比较单调、呆板，很难体现出山水天成之感。到了北宋时期，中国山水画已经趋于成熟，在轻重虚实的处理上也更为到位。《渔村小雪图》就是当时山水画作中的佼佼者，有"山水寒林，冠绝一时"的美誉。

为了表现山石峰尖的挺拔之姿，王诜采用侧锋短笔勾皴，在勾勒边缘轮廓时以清水破墨色，被苏轼赞为"得破墨三昧"；为了表现寒林松树的苍劲坚韧，王诜以中锋古法用笔，施以浓墨着色，凸显了松树临寒而不凋的特质；为了表现落雪的洁白，王诜以铅粉示落雪，用金粉点缀枝头芦苇，此种金碧落雪着色之法为山水画中的雪景呈现提供了全新的方式。

作为中国山水画走向成熟时期的杰出代表，《渔村小雪图》中既有前代的绘画技巧，又有许多后世未有的独创之处，对后世山水画作进行重新定义，发挥了重要的承上启下作用。

"盖章达人"乾隆帝在此画上御笔亲题"已觉冷风拂面浦，又如湿气生银田"，足见其对此画的喜爱及对王诜绘画技艺运用的肯定。中国画学研究会研究员惠孝同也给出了此画刻画严谨、笔墨精练、气象浑成、韵致深远的极高评价。

《千里江山图》——少年天才作青绿山水

　　《千里江山图》是18岁天才画师王希孟所绘旷世之作，主要取景自庐山和鄱阳湖。该画以青绿着色，集北宋以来水墨山水之大成，处处透露出写意妙笔，是中国十大传世名画之一，现存于北京故宫博物院。

文物溯源

　　《千里江山图》横长1191.5厘米，纵宽51.5厘米，其长度约是《清明上河图》的两倍，在同时代绘画中绝对是大手笔之作。此画虽笔墨颇多，却并不潦草，画中群山叠峦起伏，江河烟波浩渺，渔村闹市，水榭楼台，意态栩栩如生，跃然纸上，给人一种"正是江南好风景，落花时节又逢君"之感。

　　《千里江山图》大致可分为三段。开首群山耸立直冲云端，随后丘陵沟壑连绵不断，移步换景，渐入佳境。凡观画之人无不感叹，一叹大自然的鬼斧神工，二叹作者神乎其技的绘画功力。第二段呈现了江山美景，由跨江大桥与第一段画面相连，木质桥梁下有三十二蹬，中间的双层楼阁更是宛如彩虹。第三段的美景不像前两段那般紧凑，画中有一小岛，如世外桃源般的小渔村位于小岛之上，渔舟点点顺势下转，起到承接作用，近景彼岸与之相连，将整张构图完美转接，丝毫不显得突兀。卷左侧又突起秀丽的山峰，山势伸过江面及远山，接住开首的群山耸立，通卷首尾呼应。

　　《千里江山图》与前文提到的《渔村小雪图》虽说都是山水画，主题也都是群山枝柳、舟船楼阁，但意境表现却截然不同。《渔村小雪图》是以自然写个人志趣，而《千里江山图》则处处展现着对大好河山的赞美，以及人与自然和谐共存的美好期盼。

此等旷世之作一经问世，便被宋徽宗赏赐给北宋第一权臣蔡京，随即题跋77字，并表以"希孟"，这也是后世判断此画作者的重要依据。不过，蔡京最后下场凄惨，客死潭州，家产被抄，子孙流放，此画也再度回到北宋内府。但随后靖康之难爆发，北宋政权灭亡，宋钦宗投降金国，此画去向成谜。

转眼已是百年后，封建王朝的交接棒落入清朝手中，《千里江山图》再度出世，被收入清朝内府。直至晚清覆灭，溥仪带此图出宫，致使其流落民间，直到21世纪初由国家收回，永久珍藏于北京故宫博物院中。

少年天才王希孟

王希孟，北宋晚期著名画家，史书并未记载此人，后世所获其个人信息甚少。不过，能够确定的是，他的绘画书法皆得宋徽宗真传，是名副其实的"天子门生"。授业于天子没多久，王希孟的笔墨技法便大为精进，画工也"超越矩度"。18岁那年，王希孟挥毫泼墨，仅用半年时间便完成了这名垂千古之鸿篇画作。

少年虽得天子赏识，但眼前的社会现实却让他颇为无奈，孱弱的大宋王朝日益衰落，国土尽皆沦丧，边境战火纷飞，赤地千里。面对即将覆灭的故土，18岁的少年只能将富国强兵、收复旧山河的崇高理想，以画卷的形式表现出来，若北宋国富民强，这千里江山一定可以万世长存！

当然，王希孟能将心中理想顺利表达出来，还要感谢宋徽宗。作为宫廷画师的统领者，对作品有明确且直接的要求，可见师徒两人的理想不谋而合。只不过，自宋太祖杯酒释兵权，朝堂重文轻武之风盛行，理想便只能是理想，与现实的差距不是越来越近，而是渐行渐远。此画问世不过十几载，北宋王朝便轰然倒塌。对大宋江山充满热爱的王希孟先国家而亡，不知是幸运还是不幸。

青绿山水代表作

在《千里江山图》中，王希孟将红（朱砂）、乳白（砗磲）、青绿（孔雀石）、青色（石青）等众多色彩揉搓于画中，使其色彩极为绚丽。感观上与《清明上河图》单调的墨色形成了鲜明对比。

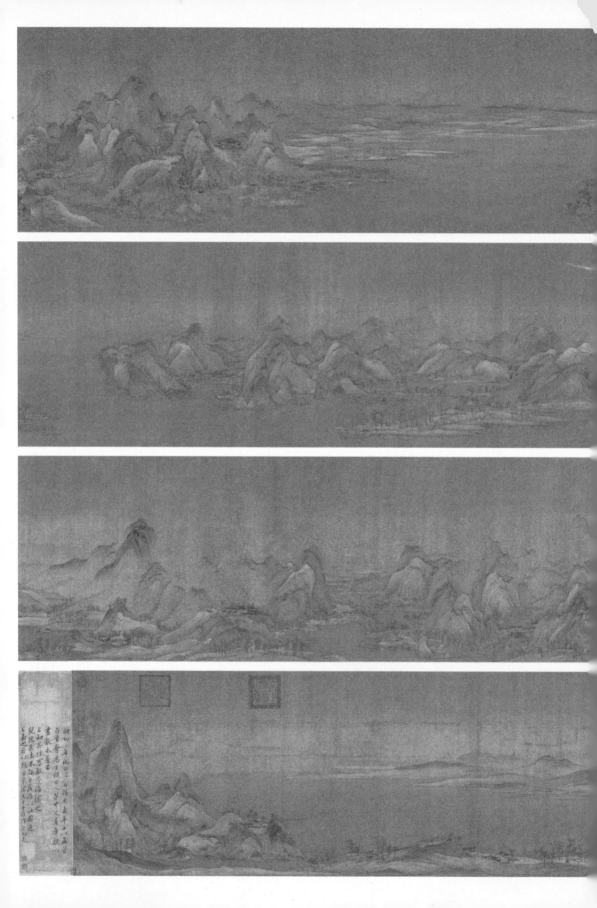

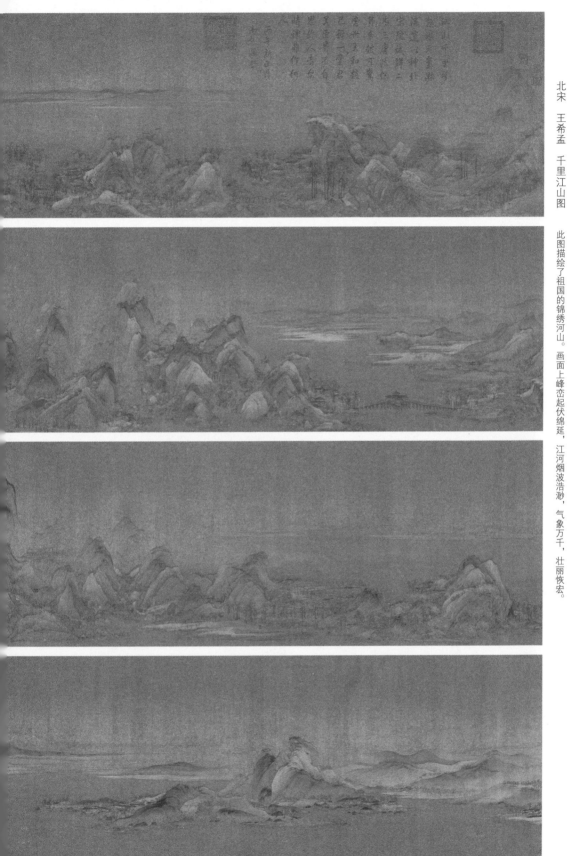

北宋　王希孟　千里江山图

此图描绘了祖国的锦绣河山。画面上峰峦起伏绵延，江河烟波浩渺，气象万千，壮丽恢宏。

北宋　王希孟　千里江山图（局部）

　　这并不能说明两大国画孰高孰低，只是中国传统山水画的门类不同而已。《千里江山图》作为中国传统青绿山水画的代表作，用矿物质为原料，精细研磨成颜料，成本虽高，但颜色却鲜艳异常。当然，若王希孟不是宫廷画师，恐怕这幅《千里江山图》他是万万"画不起"的。

　　"青绿山水"作为一种传统的中国画技法，始于唐代，经过了几代绘画名家的研究、传承，才形成一种固定化的表现方法，但即使如此，想要作这种画的难度也是非常大的。以明末清初绘画理论家王翚的说法，想要画好青绿山水，必先练好水墨功底。近现代那些擅长青绿山水的名家，如张大千、黄宾虹等人，也都能画得一手水墨佳画。

　　1948 年，国画大师张大千先生所仿王希孟《千里江山图》于 2022 年 4 月 30 日在香港苏富比拍卖行亮相，最终成交价为 3.2 亿港元。近现代大师的仿制品都能卖出如此高价，千年前的真迹更是无价之宝了。

　　2017 年 9 月 15 日，《千里江山图》在北京故宫博物院举办的"千里江山——

历代青绿山水画特展"中展出。2022年5月5日，"凰家艺品"数字藏品平台正式上线，推出了《千里江山图》数字产品。如今，《千里江山图》虽然依然珍藏于北京故宫博物院之中，但以它为艺术源头的诸多文创物品已经畅行于全国，走向了世界。

图书在版编目（CIP）数据

文物收藏：纵览镌刻文明的千年印迹 / 葛凤著 . --
北京：台海出版社，2024.1
ISBN 978-7-5168-3693-4

Ⅰ . ①文… Ⅱ . ①葛… Ⅲ . ①历史文物—中国—通俗
读物 Ⅳ . ① K87-49

中国国家版本馆 CIP 数据核字（2023）第 201940 号

文物收藏：纵览镌刻文明的千年印迹

著　　者：葛　凤

出 版 人：蔡　旭　　　　　　　封面设计：新华尤品
责任编辑：魏　敏　　　　　　　版式设计：马宇飞

出版发行：台海出版社
地　　址：北京市东城区景山东街 20 号　　邮政编码：100009
电　　话：010-64041652（发行，邮购）
传　　真：010-84045799（总编室）
网　　址：www.taimeng.org.cn/thcbs/default.htm
E - m a i l：thcbs@126.com

经　　销：全国各地新华书店
印　　刷：三河市嘉科万达彩色印刷有限公司
本书如有破损、缺页、装订错误，请与本社联系调换

开　　本：710 毫米 ×1000 毫米　　　1/16
字　　数：243 千字　　　　　　　　印　　张：16.5
版　　次：2024 年 1 月第 1 版　　　印　　次：2024 年 4 月第 1 次印刷
书　　号：ISBN 978-7-5168-3693-4

定　　价：68.00 元